국역 송자시선

국역 송자시선

송시열 원작
서정기 초역

한국학술정보㈜

머리말

서기 1971년 11월 15일 해방 후 최대, 최고의 기영판(箕營版) 송자대전(宋子大全)을 사문학회(斯文學會)에서 영인축소판으로 간행하였다.

다음해에 나는 동양문화연구소에서 4서5경을 강의하기 시작하였는데 우리나라의 유학사(儒學史)에 찬연히 빛나는 위대한 문헌을 모시고 싶은 간절한 뜻을 김정진(金丁鎭) 동학을 통하여 사문학회 송영달(宋永達) 이사장에게 전하니 흔쾌히 허락하여 영광스럽게도 46배판 각 700여 면의 순금자(純金字) 고급양장함입(函入) 전 7권을 친히 모셔왔다.

아침 저녁으로 손을 씻고, 단정히 앉아서 한 자, 한 줄을 받들어 읽음에 마음이 상쾌하고, 몸이 들떠서 마치 하늘에 올라가 구름 위를 날고, 바다를 건너뛰는 듯한 황홀경에 해가 지는 줄도, 날이 새는 줄도 모르는 채 달이 가고 해가 바뀌었다.

송자대전은 정주(程朱)의 성리학(性理學)을 우리나라에 수입한 이래로 군유(群儒)를 집대성한 최고봉인데 조선왕조의 윤리도덕과 정치문화 및 교육사상을 망라하여 총 215권 102책에 보유 6책으로 완성한 거질(巨秩)이다.

이에 홀로만 거룩한 말씀과 장엄한 세계를 독점할 수 없어서 제자들에게 나누어 줄 아량으로 특히 젊은 유림에게 절실한 내용을 뽑아 번역해서 강의 자료로 삼았을 뿐만 아니라 때로 삼각산에 가지고 올라가서 낭랑한 목소리로 읽으며, 우렁차게 노래한 지가 이미 근 40년이 되었으니 그 원고가 닳고 해져서 너덜너덜하므로 풀로 붙였지만 종이까지 퇴색하여 부스러지는지라 더는 어찌 할 수 없는 지경에 이르렀는데 마침 금년 봄에 동양문화연구소 이사회에서 출판하여 사계에 공개하기로 합의 요청하니 매우 다행스럽게 여기는 바이다.

어이쿠, 우암(尤庵) 송시열(宋時烈)선생은 동서고금을 통틀어 4서5경(四書五經)을 제일 많이 읽으신 분이니 하루도 빠짐없이 아침과 저녁으로 70여 년을 반복하여 송독하였다고 스스로 밝히셨다. 그러므로 이『국역 송자시선』을 읽고 선생의 광활한 도량과 웅혼한 기상 및 중정(中正)한 자세와 고상한 말씀을 배우고자 하는 학자는 반드시 4서5경 속에서 힘을 얻도록 아울러 정진하기 바란다.

단기 4343년 5월 1일
동양문화연구소장 서정기 삼가 씀

宋子大全을 읽고

서정기 지음

하늘땅 아득히 활짝 열린 뒤
세월은 흘러 억만 년을 돌았네
맑은 얼 힘찬 넋 한데 엉기어
오묘하게 펼친 그림 아름다워라

아침 햇살 고운 땅 길이 빛나
신령한 기운 자욱이 피어나니
하느님이 그윽이 점지하여
이 강산에 한 사람 빼어났도다

우주의 진리를 한마음에 다 갖추고
사람의 정신 온 누리에 밝혔네
성인의 도덕 오직 홀로 이었거니
바른 학문 이에 다시 높였도다

태극이 번쩍 음과 양을 갈으니
음양은 도리어 태극을 경영하네
만물의 현상 모두 그러하거니
사람이 하는 일 이에 위대하여라

생각은 찬 이슬 맺힌 밤에 모으고
책은 밝은 창 아래 길이 읽었도다
한 치의 지식이 점점 많아지나니
의심 절로 풀리어 아주 뚜렷한 것을

백 년의 삶 속에 얻고 잃음 없나니
천 년의 마음 위에 기뻐하고 성냈도다
난초가 불쌍하여 곧은 절개 지키고
성인이 부끄러워 장엄한 길 걸었네

오랑캐 날뛰어 해와 달이 희미할 제
복수설치의 깃발 높이 세웠도다
북벌의 큰 계획 귀신도 울었거늘
한 번 떠난 임은 어이 다시 못오시나

은밀한 곳에서 빈집 도적 뉘 막으며
어지러운 때에 공경심을 어찌 지키리오?
휘몰아치는 태풍은 동서남북 없나니
뛰노는 철부지 부엌에 불난 줄 몰라라

취하여 살다가 꿈속에 죽는 이들
무지개를 잡으려고 애태우도다
흥하고 망하는 기회 바쁘게 엿보지만
모두 허무하여 함께 뉘우칠 것을

부지런히 헤매는 벌은 봄날 한철이요
천리마는 늙어도 만 리 밖을 생각하네
바람 달 있는 산에 신선이 모이고
비단 구슬 걸린 집에 도깨비가 드는 것을

높을 하늘 넓은 땅 활달하게 사는 길
원망과 허물이 아예 없는 법
한 마리 말 타고 푸른 산에 들고
외로운 조각배로 바다 물결 헤쳤도다

세상일이야 정해진 운수 있거니
옛사람 가던 길 눈앞에 있도다
영화도 오욕도 모두 끊어진 자리에서
고요히 눈감고 빙그레 웃는 모습이여

사람의 형벌 저세상에는 못 따라가니
태연히 앉아서 사약을 마셨네
꿋꿋한 정신 쇠와 돌을 꿰뚫으니
높은 기상 우러러 해와 달을 찔렀도다

위대한 스승을 다시 찾지 않으니
빛나는 말씀이 먼지 속에 묻혔도다
새 세상에 그 누가 푸른 하늘의
태양처럼 밝은 그 마음 헤아리리

天雲臺   천운대

半畝方塘上   반이랑의 반듯한 연못 위에
何人作小臺   그 누가 작은 누대 지었나
天雲涵活水   하늘 구름이 흐르는 물 머금고
還自武陵來   무릉도원에서 돌아왔네

赴京   부경

綠水喧如怒   파란 물은 떠들썩하니 성난 것 같고
靑山默似嚬   푸른 산은 말없으니 찡그린 듯
靜觀山水意   고요히 산과 물의 뜻 살펴보니
嫌我向風塵   내가 바람 티끌 세상에 나가는 것 싫어
                           함이로다

道峰書院   도봉서원

蒼崖削立洞門開   푸른 낭떠러지를 깎아 세워 골짝 문을
                           여니
澗水潺湲幾曲廻   산골물은 졸졸졸 몇 굽이나 돌았나
堯舜君民當世志   요순시대의 임금과 백성이 그때 뜻이거니
廟前空有後人來   사당 앞에 부질없이 후배가 와 있네!

別僧   별승

僧乞吾詩吾乞畫   스님이 나에게 시를 달라기에 나는 초상

화 부탁하였더니

僧言君貌貌難能　　스님은 말하기를 그대의 모습은 모양이 어렵게 생겨

嚬松恠石猶堪畵　　찡그린 소나무 괴상한 돌은 오히려 그려 낼 수 있지만

那得描君面目憎　　어떻게 그대의 얼굴 눈 보기 싫은 것 묘사하리오

濯髮　　탁발

濯髮淸川落未收　　머리 감고 맑은 내에 떨어진 것 거두지 않았더니

一並飄向海東流　　한 줄기가 출렁이며 바다 동녘으로 흘러 갔네

蓬來仙子如相見　　봉래산에 신선이 서로 마주 본다면

應笑人間有白頭　　인간에도 흰머리 있다고 응당 웃겠지

詠柳下綠陰　　영류하록음

山間地濕多楊柳　　산골에 땅이 젖어 버드나무도 많으니

六月繁陰正可人　　6월 깊은 그늘 사람 놀기 좋아라

早識聞時隨意綠　　일찍이 때가 오면 생각대로 푸를 줄 알아

不須梅雨與爭春　　모름지기 장마에 봄을 다투지 않도다

送南藥泉九萬使燕　　송남약천구만시연

鶴野迢迢去路脩	학야는 높고 높아 갈 길이 멀고 먼데
薊門烟樹濕征輶	계문에 안개 낀 나무 젖어가는 수레로다
山河擧目天猶醉	산하에 눈을 드니 하늘도 오히려 취했고
今古傷心月獨留	이제 옛날 상심하니 달도 홀로 머물러라
何日威儀重都漢	어느 날 예절 갖추어 천자에게 다시 갈까
每年朝聘異觀周	해마다 청나라에 가는 것 옛 법과 다르네
君行試向燕中市	그대가 가는 길에 연경 시장을 들러보소
尙有悲歌擊筑不	아직도 슬프게 노래하며 비파 치고 있는 지를

詠風　　영풍

來從何處去何處	오는 곳은 어디이며, 가는 곳은 어디인가
無臭無形只有聲	냄새도 없고, 모양도 없이 다만 소리 있 도다
飜雲覆雨天樞動	구름 번득여 비 쏟으면 하늘 축이 움직 이고
盪海掀山地軸傾	바다 멀어 산 뽑으면 지구 축도 기울어라
赤壁吹焚曹子艦	적벽 강에 불어대니 조조의 군함을 불태 우고
睢陽噓散項家兵	수양 땅에 뿜어대니 항우의 군대가 헤쳐 졌네
捲我屋廬茅盖盡	나의 초가집 띠 지붕을 모두 말아 부치니
朝暉穿漏照心明	아침 햇살이 구멍을 뚫어 마음 밝게 비 추네

次家弟寒食日韻　　차가제 한식일운

世間榮辱不須驚　　세간의 영화 오욕에 깜짝 놀라지 마소
大丈夫心白日明　　대장부의 마음이 태양처럼 밝거늘
萬里春城寒食至　　10,000리 강산에 한식절이 되었으니
尊前豪氣塞雲橫　　술병 앞에 호기가 구름도 가로막네

漫吟　　만음

海曲陰陰書不明　　바닷가에 침침하니 글도 보이지 않고
深林魑魅自從橫　　깊은 숲 속 도깨비 스스로 날뛰는데
庭前幸有千枝樹　　뜰 앞에 다행히 1,000가지 나무 있어
臥聽黃鸎一兩聲　　누워서 누런 꾀꼬리 한두 소리 듣노라

讀啓蒙　　독계몽

長憶當年學易時　　길이 젊은 날 주역 배울 때 생각하니
妄將爻象漵文羲　　망령되이 효상을 늘어놓고 문왕 복희 생각했네
如今細玩雲臺記　　이제야 자세히 계몽을 읽어보니
誰謂登高不自卑　　누가 높이 올라감에 낮은 데로부터 가지 않으리오

自省　　자성

虞夏殷周尙用兵　　우·하·은·주 같은 나라도 전쟁을 숭

상하였으니

陰陽勝負亦分明	음과 양이 이기고 지는 것 또한 분명하여라
如何方寸中間事	어찌하여 가슴속 가운데 일
却使人心未乞盟	문득 사람 마음으로 하여금 믿지 못하게 되었는고

咏懷　　　　영회

憶在山中猶有事	산속에 있을제 생각하니 오히려 일 있어
風來月出好逢迎	바람 불고 달 뜨면 기쁘게 맞이하더니
如今閉戶長深坐	이제는 문 닫고 오래 깊이 앉았으니
風月亦無歡愛情	바람과 달도 또한 기꺼워하지 않도다

次疇孫韻　　　차주손운

東西南北此孤身	동서남북에 흘러 다니는 이 외로운 몸
嶺海安知不死人	산마루 바다에서 신선을 어찌 알리요
死亦由天安受耳	죽음 또한 하늘의 부르심 편안히 받을 뿐
一毫何敢妄求伸	털끝만치라도 어찌 감히 망령되이 더 살 길 찾으리

寄龍灣尹蘇望如斗山　　기용만윤소망여두산

| 九連城外孝宗詩 | 구련성 밖 효종의 시구 |
| 此日蒼梧暮雨悲 | 이날 창오에는 저녁비가 슬펐네 |

未死孤臣無限意 　죽지 못한 외로운 신하 무한한 생각
遼山鴨水也應知 　요동의 산과 압록강물은 응당 알겠지

龍灣形勝古猶今 　용만의 경치는 예나 이제나 같거늘
一縷紅雲底處尋 　한 가닥 붉은 구름 이르는 곳을 찾노니
試問樓頭看劍客 　시험 삼아 누대 마루에서 칼 찬 손 보고 묻건대
月明遙夜幾悲吟 　달 밝은 고요한 밤 몇 번이나 슬피 노래 불렀는가

洪同知舜民挽　　홍동지순민만

三十年斯爲一世 　30년이 이에 한 세대이거늘
公爲三世世間人 　공은 3세대에 세간 사람 되었구려
悲歡閱盡無窮事 　슬퍼하고 기뻐하며 무궁한 일 다 보았으니
歸臥靑山不隔塵 　돌아가 푸른 산에 누워도 세상을 잊지 못하리

月夜無眠懷權閔李諸友　　월야무면회권민이제우

山月淸明照我襟 　산속에 달이 맑게 밝아 나의 옷깃 비추는데
故人何處短長吟 　옛사람은 어디에서 길고 짧은 노래하는가
回思溪上連床日 　시내 위에서 책상 맞대던 날 회상하니
共溯伊閩千載心 　함께 정자와 주자의 천 년 마음 찾았지

用堯夫先生意次朴受汝韻　　용요부선생의차박수여운

紛紛末路道非眞	어지러운 말세의 길 참으로 갈 길 아니거니
惟有閩翁繼聖神	오직 주자 있어 성인의 길 이으셨네
魚躍鳶飛発揮後	고기 뛰고 솔개 날아 이치가 나타난 뒤에
莫言千載更無人	1,000년에 다시 사람 없다 말하지 마소

敬呈清陰金先生　　경정청음김선생

名振三分世	이름은 어지러운 세상에 떨치셨고
身閒五柳邊	몸은 다섯 버드나무 곁에 한가롭도다
文章追牧老	문장은 목은의 뒤를 따르시고
事業接烏川	사업은 오천에 이었어라
未說尊周事	존주의 큰일을 말하지 아니하시나
行删帝魏編	행실은 위나라 편을 잘라 버렸네
都民無手額	온 백성의 존경이 없었다 하여도
天意定由然	하늘 뜻은 그대로 정해졌도다

病中率意再和上甑山老　　병중솔의재화상증산노
兄兼東草廬美村兩兄四首　　형겸간초려미촌양형4수

海客常居海	바다에 나그네는 늘 바다에 살고
山翁不出山	산속 늙은이는 산을 나가지 아니하네
長風吹岸上	긴 바람 언덕 위에 부니
孤月入簷間	외로운 달빛 처마 사이로 들어라

只怕吾心窄　　　　　오직 내 마음이 좁을까 두려우니
休言世路艱　　　　　세상의 어려운 일 말하지 마소
歲窮東作近　　　　　해가 다 가면 봄 일에 가까우리니
還喜野寬閒　　　　　도리어 들판이 넓은 게 즐겁구려

其二　　　　　2

晦翁棲息處　　　　　주자가 살던 곳
雲谷復夷山　　　　　운곡에서 다시 무이산으로
嘯咏蒼崖下　　　　　푸른 낭떠러지 아래 노래하고
徘回黃石間　　　　　누런 돌멩이 사이 거닐었네
諒知從所好　　　　　좋아하는 바를 좇을 줄 알아
曾未済時艱　　　　　일찍이 시대의 어려움 구제하지 않았도다
小子殆狂簡　　　　　어린 제자 너무 이상에 치우쳐
希蹤意未閒　　　　　업적만 바라고 생각 한가하지 못하네

其三　　　　　3

道雖如大路　　　　　도는 비록 큰길과 같지만
行處似登山　　　　　실천하는 곳은 산에 오름 같아라
欲識賢愚分　　　　　어질고 어리석음 나뉘는 곳 알려거든
惟看敬怠間　　　　　오직 공경과 게으름 사이를 보아라
此關終得透　　　　　이 관문을 마침내 빠져나가면
彼岸到何艱　　　　　저 언덕에 이름이야 어찌 어려우랴
知病卽爲藥　　　　　병을 알면 곧 약을 먹을지나
尋醫也是閒　　　　　의원 찾는 일이야 한가로워라

其四   4

憐君少小日   그대의 젊은 날 가련도 했어라
抱病在深山   병 든 채로 깊은 산에 있었네
身入湯劑裏   몸은 약재 속에 들었고
功存簡冊間   공부는 책 사이에 간직하였도다
天生才有用   하늘이 낸 재주 쓸 데가 있거니
帝卽我投艱   하느님이 곧 나에게 시험하였네
努力同修省   노력하여 같이 닦고 반성하나니
浮名儘是閒   뜬 이름이야 모두 한가로워라

丁未仲秋小盡示二孫   정미중추소진시2손

獨坐秋山裏   홀로 가을 산속에 앉았으니
寒溪日夜鳴   찬 시내물소리 밤낮으로 울려 퍼지네
殘書看未厭   남은 글 보기가 싫지 않으나
至理妙難明   지극한 이치 묘하여 밝히기 어려워라
危世愁千斛   위태로운 세상 근심도 1,000섬
衰容白數莖   늙은 모습 흰머리 몇 가닥이로다
何當携爾去   어찌 너희들을 데리고 가리오
登嶽聽鸞笙   산에 올라 난새노래 들어볼거나

丁巳淸明次疇孫韻   정사청명차주손운

一雨連三日   한 번 내린 비 3일을 이어
前宵又到明   전날 밤이 또 내일에 이르도다
山雲愁帶濕   산에 걸린 구름은 근심 띠어 습하고

池草夢生靑	못에 풀은 꿈결에 나서 푸르도다
寒食明朝至	한식이 내일 아침 오니
杜鵑今夜聲	두견새가 오늘밤에 울도다
遙思丘壠薦	아득히 선산 제사 생각하고
漁網設寒汀	고기 잡는 그물을 찬 물가에 펼치도다

次洪輔而韻　　차홍보이운

晦父平生事	주자의 평생 사업
尋求此百年	이 한 100년 찾아보니
明誠承古聖	밝음과 정성은 옛 성인을 이었고
博約冠群賢	넓게 배우고 예로 집약함은 뭇 현인에 으뜸이로다
喜有依歸地	돌아갈 곳 있음을 기뻐할망정
寧論定勝天	어찌 정해진 운명 벗어나길 논하리오
逢君聊說此	그대 만나 애오라지 이것을 말하니
修竹映淸漣	길고 긴 대나무 푸른 물결에 비치도다

次李同甫記夢韻　　차이동보기몽운

淵源聖學自危微	성학의 연원은 인심과 도심으로부터인데
此道由來識者稀	이 도가 나온 뒤로 아는 사람 드물어라
寒水空餘照秋月	찬물은 부질없이 가을 달을 비추니
考亭誰復受深衣	고정에서 누가 다시 선비옷을 받을까
靜觀昔者嘗從事	고요히 살펴서 옛날에 이에 종사하였으니
叔譽今朝欲與歸	명예를 버리고 오늘 아침 돌아가고 싶어라
珍重遺廬書滿架	아리땁게 남긴 집에 책이 서가에 가득하니

兒郎不必詫漁磯　　아이들이여 낚시터를 자랑하지 말라

次再從孫元錫韻三首　차재종손원석운

慙無學力破藩籬　　학력 없음이 부끄러움은 울타리를 부숨
　　　　　　　　　이니
且向危階習了危　　또한 위태로운 계단으로 향하면 익혀도
　　　　　　　　　위태하리
蠻土語音聽未慣　　청나라의 언어는 들어도 익히지 말고
優人冠服秘難知　　배우처럼 모자와 옷 입은 이 마음 알기
　　　　　　　　　어려워라

爾能野隱家聲嗣　　너는 능히 야은 집안의 명예나 지키고
我独寧王聖德思　　나는 홀로 효종대왕의 성덕을 생각하리라
最是滛哇饒喙喙　　가장 이에 음란한 것은 말이 많은 것이니
休將三籟問南綦　　쉬어 장차 세 구멍 통소 가지고 남기를
　　　　　　　　　물어라

其二　　　　　　2

計拙常依短短籬　　꾀가 없어 항상 짧은 울타리에 의지터니
暮年流落此三危　　늙은 나이에 떠돌거니 이에 세 가지 위
　　　　　　　　　태로워
黽頭榮利小之小　　자라 머리의 영화와 이익 작고도 작은
　　　　　　　　　것이요
蠻觸紛紜知不知　　청(淸)나라 오랑캐와 붙어서 어지러이 날
　　　　　　　　　뛰는 것 알아도 모른 척
無妄得牛眞好笑　　성실 속에서 요행을 얻으면 참으로 웃음
　　　　　　　　　거리이거니

塞翁亡馬可寞思 변방의 늙은이가 말 잃음을 깊이 생각하라
由來倚伏皆如此 이로부터 가슴 속을 모두 같이하여
莫上蓮舟訪乙縶 연꽃 배에 올라 점쟁이 찾아가지 말라

其三　　　　　　　3

干櫓於仁禮作籬 인으로 방패 삼고, 예로 울타리 만들어
亡非其樂豈安危 그 즐겁지 아니함이 없다면 어찌 위험에
　　　　　　　　　편안하리
斑爛戲處庭闈喜 색동옷 입고 노는 곳에 어버이가 기뻐하고
黍稷躅時祖考知 뫼밥쌀 씻을 때에 조상이 아는 것을
棣蕚聯輝香益遠 산 매화꽃 이어 필 때 향기 더욱 멀리 나니
角弓翩反咎宜思 쇠뿔 활 번뜩일 제 허물 응당 생각하라
最宜衽席矜持在 가장 좋은 건 옷깃 깔고 죽어도 긍지가
　　　　　　　　　있을지니
敎子還須謹履縶 자식을 가르침에 모름지기 발길 삼가도록

示孫兒輩　　　　　시손아배

不必他鄕異故鄕 타향이라고 고향과 달리 생각 말라
一同冬短夏舒長 한가지로 겨울은 짧고, 여름은 길다
任他僮僕禮如友 너에게 맡긴 일꾼을 벗처럼 예우하고
不厭祖孫書對床 할아버지와 손자가 책상을 마주함을 싫
　　　　　　　　　어하지 말라
愧我言爲循性氣 나의 말과 행동을 부끄러워하면 본성 기
　　　　　　　　　개 따르고
看人好惡生毛瘡 남의 좋고 나쁜 점 보면 머리부스럼 생
　　　　　　　　　기나니

戶庭不出遊天地　　　집 마당을 나가지 않아도 하늘땅에 놀면
矮屋低簷勝岳陽　　　조그만 집 낮은 처마가 악양루보다 좋아라

次谷雲所用放翁韻　　　차곡운소용방옹운

移家新作數椽宮　　　집을 옮겨 새로 몇 칸 집 지으니
楓嶽之西漢水東　　　금강산 서쪽이요 한강 동쪽이네
爭說此身逃物外　　　이 몸이 물질세계 밖으로 도피했다고 다
　　　　　　　　　　투어 말하지만
誰知至樂在憂中　　　지극한 즐거움이 근심 속에 있는 줄 누
　　　　　　　　　　가 알리
心遊今古襟懷遠　　　마음이 고금에 노니 금도가 고원하고
案有詩書事業鴻　　　책상에 시경 서전 있으니 사업도 크도다
最是臥龍祠裏像　　　가장 이에 와룡사당 가운데 초상화
神交冥漠思無窮　　　신과 아득히 사귀니 생각도 끝없어라

丁巳八月日詠懷　　　정사8월일영회

蠻土休言歲月長　　　청(淸)나라 오랑캐 말 그치니 세월도 길어
安身何處不吾鄕　　　몸을 편안히 하면 어느 곳인들 내 고향
　　　　　　　　　　이 아닐까
風吹木葉根猶靜　　　바람이 나뭇잎에 불어도 뿌리는 오히려
　　　　　　　　　　고요하고
霜折蘭枝意自香　　　서리가 난초가지를 꺾어도 생각은 스스
　　　　　　　　　　로 향기로워라
多謝晦翁提我耳　　　감사하게도 주자가 내 귀를 붙잡으니
須知康節刮人眫　　　모름지기 소강절선생이 사람 눈을 비비

게 함을 알라

| 箇中密切功夫在 | 그 가운데 절실한 공부 있거니 |
| 鄒聖當年戒助忘 | 맹자도 그때에 조장하거나 잊어버림 경계하였네 |

觀擊壤集偶吟　　관격양집우음

七尺殘軀病復侵	7척 쇠잔한 몸 병이 다시 도져
閒看物理是山林	한가히 물리를 보니 이 산 숲이어라
忙蜂都管一春事	바쁜 벌은 모두 한 봄날 일을 주관하고
老驥猶存千里心	늙은 천리마는 아직 1,000리 가고 싶은 마음 있네
帝覇經綸金與鐵	왕도와 패도의 경륜은 금과 쇠처럼 다르니
賢愚興敗古猶今	어질고 어리석은 이 일어나고 실패함 옛날도 이제 같도다
時時說到無窮事	때때로 이야기가 끝없는 일에 미치면
三復堯夫偶見吟	세 번 요부의 우연히 본 노래 반복하네

讀易傳　　독역전

瀧湍舟中誠敬在	기우뚱거리는 여강의 배 속에서도 성실 경건하였고
涪州城裏象父陳	부주성의 유배지에다 상과 효를 펼쳤네
何嘗不有如斯世	어찌 일찍이 이런 세상이 없었으리오
只是曾無似此人	다만 일찍이 이와 같은 사람이 없었도다
七分理明誰與授	7푼 밝힌 이치 누구에게 전하였는가
千年緒亂却堪綸	1,000년 동안 얽힌 실마리 문득 가지런

하여졌네

| 可憐正値膏盲日 | 애달퍼라 바로 가르치기 어려운 세상 만나 |
| 空使神丹未壽民 | 신비한 약으로 하여금 부질없이 백성을 살리지 못해라 |

夜看孟子　　야간맹자

地僻天寒無一事	외진 땅 날씨 추워 한 가지 일도 없으니
沈吟之外更何爲	깊은 생각에 잠긴 이외에 다시 무엇 하리오
孤燈長夜吾偏愛	외로운 등불 긴 밤을 내가 좋아하거니와
理與陳編世莫知	이치 그윽한 고전을 세상은 알지 못하네
欲識曾西羞管意	증서가 관중에게 비기는 것을 부끄러워한 뜻
須看御者獲禽時	알고자 하거든 모름지기 사냥터의 마부가 새 잡을 때를 보아라
鄒輿此義因埋沒	맹자의 이 뜻이 파묻혀 버렸으니
惟有江都信不疑	오직 강화도에서만 믿어 의심치 않았네

讀朱子大全有感而吟　　독주자대전유감이음

集大成人久不生	학문을 모아 크게 이룬 사람이 오래 나오지 않더니
一千年後濁河淸	1,000년이 지난 뒤에 흐린 황하가 맑아졌네
七閩山嶽神皆降	칠민산 봉우리에 신이 모두 내렸고
群聖圖書理盡明	여러 성인 그림과 글 이치 모두 밝혀졌도다

底事皇朝尊陸學　　　어찌하여 명나라는 육상산학을 존중했나
可嘆東土騁狐精　　　탄식건대 우리나라 사람들 의심하는 정
　　　　　　　　　　신에 들뜨네
願言空碧陰雲滅　　　원컨대 푸른 하늘에 음산한 구름 사라지고
日月高懸鬼魅驚　　　해와 달이 높이 떠 귀신도깨비 놀래주소

漫吟示兒孫　　　만음시아손

天邊歲月似奔川　　　이 세상 세월은 달리는 시냇물 같나니
時閱塵箱一二編　　　때때로 먼지 앉은 책장에 한두 권씩 읽
　　　　　　　　　　어라
心放逸時爲劇敵　　　마음이 멍청한 때가 가장 큰 적이요
體便安處是眞仙　　　몸이 편안한 곳 참으로 선경이어라
人間營壘看隅落　　　사람 사는 마을이 모퉁이에 떨어져 있는
　　　　　　　　　　것을 보고
卷上工夫怕鑽硏　　　책 위에 공부가 억지로 맞추는 것 두려
　　　　　　　　　　워하라
多愧細微疏點檢　　　세밀하면서 점검 아니 한 것 크게 부끄
　　　　　　　　　　럽나니
兒孫愼勿效吾愆　　　어린 손자들아 나의 허물 본받지 마라

贈人　　　증인

怒吼滄溟幾丈深　　　성나서 울부짖는 푸른 물결 몇 길이나
　　　　　　　　　　깊은지
天邊歲月鬢邊侵　　　하늘 끝에 세월이 구레나룻 가로 들어오네
常思孟氏難言氣　　　맹자의 호연지기 말하기 어려운 점 늘

생각하고

要識中庸不說心	중용에서 마음이야기 아니함도 깨달아야지
密處誰防虛屋冠	은밀한 곳에 누가 빈집 도적 막으며
用時愧負敬齊箴	행동할 때 경제잠 저버린 것 부끄러워라
逢君賸討明誠事	그대를 만나 남은 토론 밝고 성실한 일이거니
肯向燈前費苦吟	등불 앞에 앉아서 시나 지어 보세

追憶孝考德音　　추억효고덕음

孝考常言予責任	효종대왕의 일상 말씀 나의 책임은 천리를 밝히고, 인심을 바로잡는 데 있나니
在明天理正人心	
中原冠虜非難逐	중국에서 청(淸)나라 오랑캐를 쫓아내기는 어렵지 않으나
自己私邪未易禁	자기의 사특한 마음 금지하기 쉽지 않아라
定國由君君卽我	나라의 안정은 임금으로부터요, 임금은 곧 나로다 하시니
殷宗得說說爲霖	대왕의 하신 말씀 단비처럼 흡족하여라
小臣拜手嵩呼退	소신은 절하여 만세 부르고 물러와서
至死刳肝記德音	죽을 때까지 간을 헤치고 거룩한 말씀 기억하리라.

讀易吟　　독역음

聖人開物無如易	성인이 사물을 개발함에 주역 같음이 없나니
羲旨曾因羑里傳	복희의 뜻을 일찍이 문왕이 유리옥에 간

혀서 전해졌도다

雖通物性興衰理 비록 사물의 흥하고, 망하는 이치를 통
달하였어도
未悟天心好惡權 하느님의 좋아하고 미워하는 저울대를
깨닫지 못하네
籤桶猶能知未済 산가지는 오히려 끝없는 사건을 알릴지나
弄丸誰復玩先天 구슬 던지며 노는 이 누가 다시 선천세
계를 음미하리
天星拱極伊川傳 하늘에 별이 북극성을 향함은 정이천선
생이 역전(易傳)이요
更得閩翁體用全 다시 주자의 주역본의(周易本義)를 깨달
아야 본체와 작용이 온전하리

漫吟　　　　만음

紛紛物理莽如沙 어지러이 물리는 넓은 모래밭 같아
憂樂橫斜又正邪 걱정과 즐거움 가로 비끼니 또한 바르고
사특함 있네
風月樓臺仙聖集 바람 달 누대에는 신선과 성인 모이고
錦珠家室鬼神差 비단 구슬 집안에는 귀신이 따라붙어
寒林莫惜災殃葉 찬 숲에 재앙 받는 잎 아까울 것 없으나
上苑爭看富貴花 비원에 부귀한 꽃 다투어 보네
可笑馬卿詞俊逸 마경의 준일한 글월도 우습거늘
何如方朔辯吽牙 어찌하여 동방삭은 개싸움이나 분별했나

次疇孫除夜韻　　차주손제야운

吾身久在兩儀中　　나의 몸이 오랫동안 하늘땅 가운데 있으나
慚愧長孤帝降衷　　부끄러워라 하늘이 준 양심 길이 외로워
正己何能無己克　　몸을 바로잡는 데 어찌 극기가 없을쏜가
有生還與未生同　　살아 있어도 도리어 태어나지 않음과 같
　　　　　　　　　으리라

如丸歲月終難繫　　총알 같은 세월 마침내 얽어매기 어려우니
未燼詩書可著功　　타고 남은 시경, 서전 공부를 해야지
白首吟詩酬穉齒　　늙은이 시 지음에 어린 손자와 주고받으니
平生壯志轉頭空　　평생의 웅장한 뜻 머리 위에서 맴도네

吟示諸孫　　음시제손

棘城空隙任西東　　유배지에 가시성 빈틈으로 이리저리 가
　　　　　　　　　노니

獘屣枯筇步步慵　　떨어진 신, 마른 지팡이 걸음도 뒤뚱뒤뚱
故舊叩門時歗曲　　옛 벗이 문을 두드리면 때로 노래하고
詩書留案體從容　　시경, 서전 책상에 있으니 몸도 조용해라
溪魚樂似江湖裏　　냇가에 고기를 즐기면 강호수 속에 있는
　　　　　　　　　것 같고

階鳥親如澗谷中　　섬돌에 새와 친하면 골짜기 가운데 있는
　　　　　　　　　것 같아

不必無何長飮酒　　까닭 없이 길게 술 마시지 말라
虛閒眞趣自無窮　　허전하고 한가한 참재미 스스로 끝없도다

賦詩聊次其韻　　　부시료차기운

沃州羅網二三君　　옥주에서 체포된 두서너 제자
關雪遥望嶺海雲　　관서의 눈보라 속 영남의 바다구름 속으로 유배 가네
竄鳳翔鴟那足說　　봉황을 귀양 보내고, 솔개가 날뛰는 것 어찌 말하랴
小人君子此中分　　소인과 군자가 이 가운데 나뉜 것을
乘除默算都泡幻　　곱하고 나누기 마음속에 따지는 것 모두 물거품
倚伏相酬肯戚忻　　마음속을 서로 알면 슬프거나 기쁜 것
去路徐徐歸坦坦　　가는 길이 더딜지나 오는 길은 평평하고 넓으리니
世間唇舌任紛紛　　세간의 입술이야 떠들게 버려두소

自警吟　　　자경음

始知逸我無如老　　나를 편안케 하는 것이 늙음 같음 없는 줄 비로소 알았네
此語堯夫欺我深　　이 말한 요부가 나를 많이 속였어라
論病治病尋藥餌　　병 이야기, 병 낫기 약물 찾아야 하고
校書編書苦身心　　글 교정, 책 펴내기 몸과 마음 괴로워
希賢不翅跛思步　　어진 이를 바라지만 절뚝발이가 걷고 싶은 생각에 지나지 않고, 도움을 찾으나 도
求助還如旱望霖　　리어 가뭄에 단비 바람 같아
夙夜憂勤成底事　　아침저녁 걱정하고 부지런하지만 이룬 것이 무슨 일

堪憐蜉蝣重難任　　　가련하여라 부판벌레만큼도 감당하기 어
　　　　　　　　　　려워라

用康節先生韻咏晦菴夫子　　　용강절선생운영회암부자

夫子天生號紫陽　　　부자를 하늘이 내시니 호가 자양이라
於斯文上大輝光　　　사문 위에 크게 빛나도다
孔顏賴以仁而聖　　　공자와 안연을 힘입어서 어진 성인 되었고
天地由之大且方　　　하늘땅을 말미암아서 크고 모났도다
父子君臣倫已顯　　　아비와 아들 임금과 신하의 윤리 이미
　　　　　　　　　　나타나니
中商釋老說何妨　　　신불해 상앙 석가 노자의 학설이 어찌
　　　　　　　　　　방해하리오
遺書滿架誰能了　　　남겨준 글 서가에 가득, 누가 능히 다 알까
自歎人生百歲忙　　　스스로 인생 백 년이 바쁜 게 탄식스러워

次疇孫所用康節韻　　　차주손소용강절운

歷盡艱危意愈閒　　　어려움과 위태함을 다 겪어도 생각 더욱
　　　　　　　　　　한가로워
棘城猶在水雲間　　　유배지 가시성에도 오히려 물 구름 사이
　　　　　　　　　　있네
貞心不改悲蘭蕙　　　곧은 마음은 난초를 슬프게 할까 고치지
　　　　　　　　　　않고
壯志還驚負孔顏　　　장한 뜻은 도리어 공자 안연을 저버릴까
　　　　　　　　　　놀라도다
東市孤魂纏野草　　　사형장에서 죽은 외로운 넋 들풀에 얽혔고

北天歸夢阻關山 　　북쪽 하늘로 청(淸)나라를 정벌하려는 꿈
　　　　　　　　　국경산에 막혔네
願乘海上仙槎去 　　원컨대 바다에 날랜 뗏목 타고 가서
萬里烟波任往還 　　10,000리 노을에 아무데나 갔다 올까

再用疇孫端午韻　　재용주손단오운

白首孤臣此島中 　　늙어 유배 온 신하 이 섬 가운데 있어도
何須放曠哭途窮 　　어찌 모름지기 넋 없이 길 막힌 것 슬퍼
　　　　　　　　　하리오
風鳴竹塢泉聲遠 　　바람 분 대나무 언덕 샘물소리 멀지만
月出山城海色空 　　달 뜬 산성에 바다빛깔 흰해라
緬想楚江人競渡 　　아득히 초강에 사람 다투어 건너는 것
　　　　　　　　　생각하니
遙憐鄕國信難通 　　고향과 나라에 편지 통하기 어려운 것
　　　　　　　　　가련해라
徘徊永念平生志 　　거닐며 길이 평생의 뜻 생각하고
九死寧忘孝與忠 　　다 죽어간들 어찌 효도, 충성 잊으리오

次疇孫韻　　차주손운

經訓無如熟複過 　　경전의 가르침은 익숙히 복습하여 나감
　　　　　　　　　같음 없나니
最嫌浮念易成魔 　　가장 꺼리는 건 쉽게 이루려는 마귀에
　　　　　　　　　들뜬 생각이로다
夜思晝讀疑全釋 　　밤에 생각하고, 낮에 읽으면 의심 모두
　　　　　　　　　풀리고

寸積銖加得漸多　조금씩 모아 쌓여 가면 점점 많아진다네
聖道只今悲委草　성인의 도가 지금은 슬프게도 초야에 버려지니

己私須復劇鉏禾　혼자라도 모름지기 되찾아 잘 가꾸어야지
徒玆直向朱門去　이로부터 곧장 주자 학문으로 나아가고
肯爲全身學季和　몸을 온전히 허락하여 말세에 타협함을 배우리오

次疇孫韻兼示晦孫　차주손운겸시회손

萬事由來不足愁　만사가 일어나는 것 근심할 것 없나니
宣尼知罪有春秋　공자가 죄를 아는 건 춘추에 있도다
文章禮樂垂無極　문장과 예악이 무극에 드리웠으니
日月星辰照不休　해와 달 별들이 끊임없이 비추네
求道莫嘆聞道晩　도를 찾음에 늦게 깨닫는 것 탄식 말고
存心須要放心收　마음을 간직함에 흩어진 마음 거두어야지
諄諄誨汝今能幾　차례차례 가르쳐줌이 이제 몇 번일까
却怕諂淫入耳稠　문득 아첨하고, 음란한 말 귀에 무르녹을까 두렵다

其二　2

莫愁傾國豈須愁　나라가 기울어져도 근심 아니 하는데 어찌 모름지기 근심하리
只要吾心凛似秋　다만 요체는 내 마음이 추상같이 늠연한 것이로다
洒落淸明邪自遠　상쾌하게 맑고, 밝으면 사악함은 자연히 멀어지고

淵冰危惕死方休　냉정하게 두려워하면 죽어서 바야흐로 아리따워

斧戕身後終無及　형벌이야 죽은 뒤에는 마침내 미치지 못하거니와

風落山時百不收　바람이 산에 떨어질 때 아무것도 거두지 못해

我誦梅溪詩上語　나는 매계의 시구 말을 외우거니

古今傾敗者何稠　고금에 쓰러진 이들 어찌 그리 많은가

次疇孫聞五謫韻　차주손문5적운

說到寧陵咽復噫　이야기가 효종대왕에 이르니 흐느끼다 또다시 탄식하네

當時郡彦有猷爲　그때의 여러 선비 꾀 있게도 하더니

經綸密勿基王業　경륜이 엄밀하여 왕업의 기틀이요

夙夜憂勤際國危　아침저녁 걱정 속에 부지런함 나라가 위태한 때여라

龍去幾年均痛慕　효종이 죽으니 몇 년이나 애통하게 흠모하였나

苾申今日更漣洏　향 피우고 오늘 다시 눈물만 줄줄

陰陽消息皆時命　음양이 자라나고 사라지는 것이 모두 시대의 운명이니

呼酒寒窓滿意持　술을 불러 추운 창가에 생각만 가득 간직하네

書示二孫　　　　　　서시2손

人若求閒未得閒　　사람이 만약에 한가함만 으면 한가함을
　　　　　　　　　얻지 못거늘
天敎我在不忙間　　하늘은 나로 하여금 바쁘지 않은 틈에
　　　　　　　　　있게 하누나
羲皇畫卦供遮眼　　복희는 주역 괘를 그려서 눈가리개 제공
　　　　　　　　　하고
康節詩文好慰顔　　소강절의 시와 글 얼굴 가리기 좋아라
蓬戶開時明日月　　움막집 쑥문을 열 때에 해와 달이 밝고
棘籬低處見雲山　　유배지 가시 울타리 낮은 곳에도 구름산
　　　　　　　　　보이네
床頭忽與淸風會　　책상머리에도 홀연히 밝은 바람 모이나니
一夢遙從畏壘還　　한 꿈이 아득히 마음속에 찾아오리

次從孫光錫韻以贈其行　　차종손광석운이증기행

雨中來叩者爲誰　　빗속에 찾아오는 이 그 누구인지
笑語云云此棘籬　　웃음 띠고 말하는 여기는 유배지로다
共說聖明躋澮哲　　함께 신성한 밝음을 말하고 어질고 밝은
　　　　　　　　　데 오르거니
竚看賢俊寄安危　　우두커니 서서 어진 사람 보고 안위를
　　　　　　　　　부탁하노라
中州格鬪天心厭　　중국에 청나라 날뛰는 것 하늘이 싫어하고
楚纍精誠帝睠垂　　쓸쓸한 죄수의 정성도 하느님은 돌아보니
今汝遠來知底事　　이제 네가 멀리 와서 무슨 일을 알았나
瘴江收骨有前規　　장강의 유골 거둠 옛 규범 있느니라

次康節首尾吟韻　　　　차강절수미음운
己未八月初九日　　　　기미8월초9일

尤翁非是愛吟詩　　　우옹은 시 짓기 좋아함이 아니네
詩是尤翁慕古時　　　시는 우옹이 옛날을 사모하는 때로다
堯舜羲軒雖邈矣　　　요, 순, 복희, 황제 비록 아득하지만
禹湯文武却承之　　　우, 탕, 문왕, 무왕이 문득 이었도다
詩書禮樂無非敎　　　시경, 서전, 예기, 악기 가르침 아님이
　　　　　　　　　　　없으니
神聖仁賢儘著題　　　신인, 성인, 인인, 현인이 모두 제목을
　　　　　　　　　　　나타냈도다
千萬年人都一箇　　　천만 년 사람이 모두 하나이니
尤翁非是愛吟詩　　　우옹이 시 짓기 좋아함이 아니로다

第二　　　　　　　　　2

尤翁非是愛吟詩　　　우옹이 시 짓기 좋아함이 아니네
詩是尤翁著眼時　　　시는 우옹이 눈여겨보는 때로다
磅礴昆侖誰主是　　　넓은 우주 만물을 누가 주재하는고
氤氳肅殺自無私　　　봄바람 가을서리 스스로 사사로움 없네
流行對待皆微顯　　　변화하는 상대세계는 모두 이치 나타남
　　　　　　　　　　　이요
闔闢柔剛只偶奇　　　벌어지는 운동은 다만 짝수 홀수
大小不同皆一貫　　　크고 작아 같지 않은 것 모두 하나로 꿰니
尤翁非是愛吟詩　　　우옹이 시 짓기 좋아함이 아니로다

第三　　　　　3

尤翁非是愛吟詩　　우옹이 시 짓기 좋아함이 아니네
詩是尤翁自警時　　시는 우옹이 스스로 경계하는 때로다
誠意只須看自慊　　생각을 성실하게 함은 오로지 스스로 쾌
　　　　　　　　　족한가를 보고
合天何必要人知　　하늘과 하나로 합침에 어찌 남이 알아주
　　　　　　　　　기 바라리
如今事事皆流俗　　오늘날은 일마다 모두 세속으로 흐르나
雖古人人豈美資　　옛날이라고 사람마다 어찌 아름다웠으리
白首窮經猶愈己　　늙어서 경전 공부도 오히려 그만둔 것보
　　　　　　　　　다 나으니
尤翁非是愛吟詩　　우옹이 시 짓기 좋아함이 아니로다

第四　　　　　4

尤翁非是愛吟詩　　우옹은 시 짓기 좋아함이 아니네
詩是尤翁自嘆時　　시는 우옹이 스스로 탄식하는 때로다
生此偏邦兼苦晚　　이 좁은 땅에 나서 아울러 괴로운 말세요
矧兹褊性復難移　　하물며 급한 성질 다시 고치기 어려워라
極知醉夢生而死　　지극히 취하여 살며 꿈속에 죽는 것 알고
無異紛綸走與飛　　어지럽게 달리고 나는 것과 다름이 없는데
虛負壯年今已老　　헛되이 젊은 날 보내고, 이제는 이미 늙
　　　　　　　　　었으니
尤翁非是愛吟詩　　우옹이 시 짓기 좋아함이 아니로다

第五　　　　　5

尤翁非是愛吟詩　　우옹은 시 짓기 좋아함이 아니네

詩是尤翁飮酒時　　　시는 우옹이 술 마시는 때로다
自可盥腦追晦父　　　스스로 앞을 씻어 회암을 추모하고
非關無事効袁絲　　　일없이 원사를 본받음이 아닐세
斠時誰爲採黃菊　　　때를 보아 누가 노란 국화 딸까
醉後還無送白衣　　　취한 뒤엔 도리어 벼슬 안 한 사람 환송
　　　　　　　　　　도 없네
爕理經綸題目好　　　몸 때문에 세상일 때문에 제목도 좋으니
尤翁非是愛吟詩　　　우옹이 시 짓기 좋아함이 아니로다

第六　　　　　　　6

尤翁非是愛吟詩　　　우옹은 시 짓기 좋아함이 아니네
詩是尤翁默數時　　　시는 우옹이 말없이 셈하는 때로다
十二會中今過半　　　129,600년 중에 이미 반은 지났으니
三千界內佛無爲　　　3,000세계 속에 부처 한 일 없어라
萬雖萬也終歸一　　　10,000에다 또 10,000이라도 마침내 하
　　　　　　　　　　나로 돌아가니
微莫微焉摠可知　　　미미하고 또 은미해도 모두 알 수 있다네
方寸中間輸入了　　　마음속 한가운데로 모두 끌어들이나니
尤翁非是愛吟詩　　　우옹이 시 짓기 좋아함이 아니로다

第七　　　　　　　7

尤翁非是愛吟詩　　　우옹은 시 짓기 좋아함이 아니네
詩是尤翁自咎時　　　시는 우옹이 스스로 허물하는 때로다
三省九思都未了　　　세 가지 반성 아홉 가지 생각 다 마치지
　　　　　　　　　　못하니
七顚八倒更尤誰　　　일곱 번 쓰러지고 여덟 번 넘어진 것 다
　　　　　　　　　　시 누구 허물하리

常思晦父頭粘頸 　　　　　　　항상 주회암의 머리와 목 단정할 것 생
　　　　　　　　　　　　　각노니
敢望涪翁髮與髭 　　　　　　　정이천의 머리칼과 수염을 감히 바라리오
病七年求三歲藥 　　　　　　　7년의 병에 3년 묵은 쑥 찾으니
尤翁非是愛吟詩 　　　　　　　우옹이 시 짓기 좋아함이 아니로다

第八(送晦孫還鄕)　　　　　8(송회손환향)

尤翁非是愛吟詩 　　　　　　　우옹은 시 짓기 좋아함이 아니네
詩是尤翁送別時 　　　　　　　시는 우옹이 이별하여 보내는 때로다
晦父尙稱蘇鐵石 　　　　　　　회암이 오히려 소씨의 철석을 칭찬하니
淨安寧見蔡幾微 　　　　　　　정안이 어찌 채씨의 기미를 보리오
馬亡塞上須寬愼 　　　　　　　말 잃은 변 방에서는 모름지기 너그럽고
　　　　　　　　　　　　　신중하되
衣濕舟中莫怨希 　　　　　　　옷 젖은 배 속에서는 원망하고 바라지
　　　　　　　　　　　　　말라
海外秋風多少意 　　　　　　　외로운 섬 가을바람 여러 가지 생각
尤翁非是愛吟詩 　　　　　　　우옹이 시 짓기 좋아함이 아니로다

第九　　　　　　　　　　　9

尤翁非是愛吟詩 　　　　　　　우옹은 시 짓기 좋아함이 아니네
詩是尤翁安分時 　　　　　　　시는 우옹이 분수에 편안한 때로다
困厄貧窮都喫了 　　　　　　　곤란, 재난, 가난, 궁박 모두 맛보고
榮華富貴盡忘之 　　　　　　　영화나 부귀 다 잊어버렸네
眼前人事悠悠去 　　　　　　　눈앞에 사람의 일 유유히 가는데
頭上天風瑟瑟吹 　　　　　　　머리 위에 센 바람 쌩쌩 불도다
如是死生而已矣 　　　　　　　이렇게 죽고 살 뿐이거니
尤翁非是愛吟詩 　　　　　　　우옹이 시 짓기 좋아함이 아니로다

第十　　　　　　　　　10

尤翁非是愛吟詩　　　우옹은 시 짓기 좋아함이 아니네
詩是尤翁怪事時　　　시는 우옹이 괴상한 일할 때로다
日月傷夷乾度錯　　　해와 달이 어둡고, 하늘의 도수 어그러져
湯文幽辱仲尼圍　　　탕임금과 문왕이 징역 살고, 공자를 포
　　　　　　　　　　위하네

如何治世三年旱　　　어찌하여 맑은 세상에 3년 가뭄 들고
胡乃嚴霜六月飛　　　어째서 찬 서리 6월에 날리는가
常變推遷還是理　　　상도와 변수가 바뀌는 게 도리어 이치이
　　　　　　　　　　거니
尤翁非是愛吟詩　　　우옹이 시 짓기 좋아함이 아니로다

第十一　　　　　　　11

尤翁非是愛吟詩　　　우옹은 시 짓기 좋아함이 아니네
詩是尤翁晚悟時　　　시는 우옹이 뒤늦게 깨닫는 때로다
明白性情誰謂隱　　　명백한 성정을 누가 은미하다 말하고
平常義理謬爲奇　　　평상한 의리는 어그러져도 기특해라
堪嗟半世柯徒睨　　　안타까워라 반세상을 도끼자루만 한갓
　　　　　　　　　　흘겨보고

豈是穿天管可窺　　　어찌 하늘 끝을 구멍으로 엿보리
日用彝倫外無道　　　날로 쓰는 떳떳한 윤리밖에 도 없으니
尤翁非是愛吟詩　　　우옹이 시 짓기 좋아함이 아니로다

第十二　　　　　　　12

尤翁非是愛吟詩　　　우옹은 시 짓기 좋아함이 아니네
詩是尤翁自喜時　　　시는 우옹이 스스로 기쁜 때로다

不待求之元有拙　　　찾음을 기대하지 않으면 원래 치졸하나니
何須息也本無機　　　어찌 모름지기 그침에 본래 기틀 없으리오
頭邊日月閒瀟洒　　　머리 가에 해와 달 한가로이 산뜻하고
　　　　　　　　　　깨끗하니
眼底鳶魚任躍飛　　　눈 아래 솔개 물고기 뛰든 날든 두어라
物外悠然無一事　　　만물 밖에 유연히 한 가지 일도 없으니
尤翁非是愛吟詩　　　우옹이 시 짓기 좋아함이 아니로다

第十三　　　　　　　13

尤翁非是愛吟詩　　　우옹은 시 짓기 좋아함이 아니네
詩是都無平仄時　　　시는 도무지 평칙이 없는 때로다
無可不可終歸可　　　옳을 것 없고, 옳지 않을 것도 없어야 마
　　　　　　　　　　침내 옳게 되나니
爲知不知是卽知　　　안다고 하고, 알지 못한다고 하여야 이
　　　　　　　　　　에 곧 아는 것이네
爲名爲利竟何爲　　　이름 따지고, 이익 따져 마침내 무엇 하나
欺暗欺明同自欺　　　모르게 속이고, 알게 속임이 다 같이 자
　　　　　　　　　　기 속인 것
肆筆論之有四者　　　붓 들고 논함에 이러한 네 가지 있거니
尤翁非是愛吟詩　　　우옹이 시 짓기 좋아함이 아니로다

第十四　　　　　　　14

尤翁非是愛吟詩　　　우옹은 시 짓기 좋아함이 아니네
詩是尤翁獨語時　　　시는 우옹이 혼자 말하는 때로다
豈必今人皆險巇　　　어찌 반드시 오늘날 사람이 모두 험악하
　　　　　　　　　　리오
還思古道儘平夷　　　돌이켜 옛 도 생각하니 모두 평이하여라

雲山景色誰同償　　　구름 산 경치를 누구와 함께 감상하리
風月襟懷我自知　　　바람 달의 회포 내가 스스로 알도다
倦後羲皇長入夢　　　피곤한 뒤에는 복희임금 늘 꿈속에 드니
尤翁非是愛吟詩　　　우옹이 시 짓기 좋아함이 아니로다

第十五　　　　　　　15

尤翁非是愛吟詩　　　우옹은 시 짓기 좋아함이 아니네
詩是尤翁午夢時　　　시는 우옹이 낮 꿈꾸는 때로다
蒼莽九疑朝帝舜　　　푸르고 아득한 9주는 순임금에게 찾아가고
縱橫八卦問包犧　　　세로 가로 8괘는 복희씨에게 묻도다
歌賡揖遜三盃酒　　　노래 불러 화답하고, 절하고 양보함은
　　　　　　　　　　석 잔 술이요

柯爛交爭一局碁　　　도끼자루가 썩도록 서로 다툰 건 한판
　　　　　　　　　　바둑이라

蝴蝶與周俄兩失　　　나비도 장주도 조금 있으면 다 잃거니
尤翁非是愛吟詩　　　우옹이 시 짓기 좋아함이 아니로다

第十六　　　　　　　16

尤翁非是愛吟詩　　　우옹은 시 짓기 좋아함이 아니네
詩是尤翁戱語時　　　시는 우옹이 장난말 할 때로다
賤迹常爲新貴貨　　　흔한 선례는 항상 새롭고 귀한 돈 되고
赤身飜作大悲資　　　맨몸은 뒤집어져 크게 슬픈 자료 되네
諸賢共喜施恩普　　　모든 어진 이 다 같이 은혜 널리 베풀기
　　　　　　　　　　즐겼는데

衆議還疑受報遲　　　뭇사람은 도리어 보답 늦게 받을까 의심
　　　　　　　　　　하네

君子有施無責報　　　군자는 베풀어도 갚으라고 하지 않으니

尤翁非是愛吟詩　　　　　우옹이 시 짓기 좋아함이 아니로다

第十七　　　　　17

尤翁非是愛吟詩　　　　　우옹은 시 짓기 좋아함이 아니네
詩是尤翁獨立時　　　　　시는 우옹이 혼자 서 있는 때로다
自笑孤囚頭雪白　　　　　스스로 외로운 죄수 머리 센 것 비웃거니
誰知逸興鳥雲飛　　　　　누가 신나서 새 구름 나는 것 알리오
亭前昔與龜山別　　　　　정자 앞에서 옛날에 구산을 떠나라 하더니
海外今聞鐵瓮歸　　　　　바다 밖에서 오늘은 철옹으로 가란 말 들네
欣戚都來輸一醉　　　　　기쁘고 슬픔 모두 실어다 한번 취하니
尤翁非是愛吟詩　　　　　우옹이 시 짓기 좋아함이 아니로다

第十八　　　　　18

尤翁非是愛吟詩　　　　　우옹은 시 짓기 좋아함이 아니네
詩是尤翁知戒時　　　　　시는 우옹이 경계할 줄 아는 때로다
顧諟靈臺天所命　　　　　돌아보건대 마음은 하늘이 준 바이거늘
誰知暗室鬼難欺　　　　　누가 어두운 방에 귀신 속이기 어려운 줄 알리오
工夫倘或毫芒忽　　　　　공부하여도 문득 털끝을 소홀히 하고
物欲能令海嶽移　　　　　물질 욕망은 능히 바다와 산도 옮기네
老去惟思追補去　　　　　늙어감에 오직 따라 보충하여 갈 것 생각하니
尤翁非是愛吟詩　　　　　우옹이 시 짓기 좋아함이 아니로다

第十九   19

尤翁非是愛吟詩   우옹은 시 짓기 좋아함이 아니네
詩是嫫貙好辯時   시는 더럽게 찡그리며 말 가리기 좋아한
                       때로다
雷擊叢林驚魍魎   우레가 숲을 때리니 낮도깨비가 놀라고
星穿積水走蚊螭   별이 싸인 물에 꽂히니 이무기가 달아나네
空言固可治夫亂   진리의 말씀은 진실로 밝혀질 만하면 어
                       지러워지고
世運無如平則陂   세상운수는 평화로운 듯하면 기울어져
力不足時誰死己   힘이 모자랄 때 누가 몸을 희생하나니
尤翁非是愛吟詩   우옹이 시 짓기 좋아함이 아니로다

第二十   20

尤翁非是愛吟詩   우옹은 시 짓기 좋아함이 아니네
詩是尤翁俛仰時   시는 우옹이 우러러볼 때로다
學稼聖人小樊遲   농사법 배운다 하니 성인이 번지를 작다
                       하고
坐馳純公譏子微   앉아서 생각 달리니 순공이 자미를 비웃
                       었네
俗士世路長依依   세속 선비 세상길에 늘 으스대고
隱者山木蔭萋萋   숨은 이 산 나무 그늘 무성도 해라
依乎中庸聖同歸   중용에 의지하면 성인과 함께 가리니
尤翁非是愛吟詩   우옹이 시 짓기 좋아함이 아니로다

第二十一   21

尤翁非是愛吟詩   우옹은 시 짓기 좋아함이 아니네

詩是尤翁喜讀時　　　시는 우옹이 즐겁게 글 읽는 때로다
祇得玩心欣有會　　　다만 마음속을 음미하면 신나게 깨달음
　　　　　　　　　　있나니
何曾閱理到無疑　　　어찌 일찍이 이치를 더듬어 의심 없는
　　　　　　　　　　데 이르리오
暄凉朝暮渾忘倦　　　따뜻하고 시원한 아침저녁 다 피곤함 잊고
榮辱窮通摠不知　　　영화, 오욕, 궁박, 통달 모두 알지 못해라
却笑還珠空買櫝　　　문득 구슬은 돌려주고, 쓸데없이 궤짝만
　　　　　　　　　　사니
尤翁非是愛吟詩　　　우옹이 시 짓기 좋아함이 아니로다

第二十二　　　　　　22

尤翁非是愛吟詩　　　우옹은 시 짓기 좋아함이 아니네
詩是尤翁不懼時　　　시는 우옹이 두려움 없는 때로다
惟富惟榮有命者　　　부하거나 영화는 오직 명한 이 있나니
此心此気我持之　　　이 마음 이 기분 내가 가지고 있네
生涯不出茅君洞　　　한평생 띠풀 동네를 벗어나가지 않으니
魂夢難過漢水湄　　　영혼이 꿈에도 한강물을 건너기 어려워라
無妄生災關運気　　　성실해도 재앙 따름은 운명기수 소관이니
尤翁非是愛吟詩　　　우옹이 시 짓기 좋아함이 아니로다

第二十三　　　　　　23

尤翁非是愛吟詩　　　우옹은 시 짓기 좋아함이 아니네
詩是尤翁遠覽時　　　시는 우옹이 멀리 살펴본 때로다
今者祥殃非帝則　　　오늘날의 상서와 재앙이 하늘 법칙 아니오
古之善惡是吾師　　　옛날의 착하고 악함이 나의 스승이어라
周家壇上陳圭璧　　　주나라의 제단 위에 옥구슬 진열하고

虞氏宮中有忸怩　　　우나라의 궁중에 부끄러움 있었네
人品異同何若是　　　사람의 품격 다르고 같음 어찌 이러한가
尤翁非是愛吟詩　　　우옹이 시 짓기 좋아함이 아니로다

第二十四　　　　　　24

尤翁非是愛吟詩　　　우옹은 시 짓기 좋아함이 아니네
詩是明開兩眼時　　　시는 우옹이 두 눈을 밝게 뜨는 때로다
邾國豬宮何必士　　　부용국 시시한 궁에 애비 죽인 놈을 어
　　　　　　　　　　찌 반드시 재판관만 죽이며

龍門瓦屋儘如兒　　　명망 있는 기와집도 모두 어린아이 같아라
叔孫枉市何誣也　　　숙손이 저자에서 거짓말한 것 어찌 속이며
閩鱐過關欲捉之　　　민땅의 건어포 장수 관문 지날 때 재촉
　　　　　　　　　　하고자 하네
可惜聖徒今不見　　　애석하여라 성인의 학도 이제 보이지 않
　　　　　　　　　　으니

尤翁非是愛吟詩　　　우옹이 시 짓기 좋아함이 아니로다

第二十五　　　　　　25

尤翁非是愛吟詩　　　우옹은 시 짓기 좋아함이 아니네
詩是尤翁自語時　　　시는 우옹이 스스로 말하는 때로다
天聽無心還易忒　　　하늘이 들음은 무심하여 도리어 쉽게 어
　　　　　　　　　　그러지고

人生有命更難移　　　인생은 명이 있으니 다시 옮기기 어려워라
逼來患難那堪急　　　핍박하여 온 환난을 어찌 급히 감내하며
過去光陰不可追　　　지나간 세월은 다시 쫓기 어렵다네
夭壽何曾毫分貳　　　일찍 죽고 오래 삶은 어찌 일찍 둘로 나
　　　　　　　　　　누리오

尤翁非是愛吟詩　　　우옹이 시 짓기 좋아함이 아니로다

第二十六　　　26

尤翁非是愛吟詩　　　우옹은 시 짓기 좋아함이 아니네
詩是冥思邃古時　　　시는 아득한 옛날을 고요히 생각하는 때로다
混沌初開爲子會　　　아스라이 어지러운 태초의 개벽이 자시에 되었고
鴻荒漸化際伊祈　　　우주가 점점 이루어짐은 그 천천한 때로다
因其揖讓成巍煥　　　왕위를 절하고 양보하니 우러러 빛난 덕 이루고
到得干戈乍變移　　　방패와 창을 얻어 싸우니 금방 인심 변했네
秦漢以來無可說　　　진나라와 한나라 이후는 말할 것 없나니
尤翁非是愛吟詩　　　우옹이 시 짓기 좋아함이 아니로다

第二十七　　　27

尤翁非是愛吟詩　　　우옹은 시 짓기 좋아함이 아니네
看破宵人情狀時　　　소인배의 정상을 다 보는 때로다
夜黑鬼舒梁上嘯　　　밤이 어두우면 귀신 풀려나 들보 위에서 지껄이고
天陰燐騁野間輝　　　날씨 음산하면 도깨비불 가져다 들판에서 날뛰네
燭嘘却似暈妨日　　　불빛을 뿜음은 마치 해무리가 태양 가림 같고
技癢還如囊處錐　　　마음 간지럽기는 도리어 주머니의 바늘 같아라

安得大明臨有赫　　　　어떻게 크게 밝혀 한번 성내줄까
尤翁非是愛吟詩　　　　우옹이 시 짓기 좋아함이 아니로다

第二十八　　　　28

尤翁非是愛吟詩　　　　우옹은 시 짓기 좋아함이 아니네
詩是思矜細行時　　　　시는 조그만 행실에 긍지 생각하는 때로다
策馬反云非敢後　　　　말을 채찍질함은 도리어 감히 뒤에 하지
　　　　　　　　　　　아니한다 하고
獲禽良媿失其馳　　　　새를 잡음에 수레 달리는 법도 잃음이
　　　　　　　　　　　참으로 부끄러워
卑微自合成埋沒　　　　비근하고 미미한 것이 저절로 합쳐 파묻
　　　　　　　　　　　혀 버렸더니
孔孟以來大發揮　　　　공자 맹자 이래로 크게 밝혀졌네
要識聖賢能察邇　　　　성현의 가까운 일을 잘 살피는 것을 깨
　　　　　　　　　　　달아야 할지니
尤翁非是愛吟詩　　　　우옹이 시 짓기 좋아함이 아니로다

第二十九　　　　29

尤翁非是愛吟詩　　　　우옹은 시 짓기 좋아함이 아니네
詩是仰觀俯察時　　　　시는 우러러 관찰하고, 내려다보아 살피
　　　　　　　　　　　는 때로다
蓋底一身如運轂　　　　대저 한 몸은 굴러가는 수레바퀴통 같나니
溫涼襯序若奕棋　　　　따뜻하고, 싸늘한 인심 바뀌어 감이 변
　　　　　　　　　　　하는 바둑 같아라
山河井井華夷奠　　　　산과 물은 뚜렷하고 뚜렷하게 문명국과
　　　　　　　　　　　야만국 정하여지고
黎庶生生草木萋　　　　사람은 나고 나서 풀 나무처럼 무성하네

這裏陰陽無極妙　　　그 가운데 음양변화 끝없이 오묘하니
尤翁非是愛吟詩　　　우옹이 시 짓기 좋아함이 아니로다

第三十　　　　　　　30

尤翁非是愛吟詩　　　우옹은 시 짓기 좋아함이 아니네
詩是閒看傳記時　　　시는 한가히 전기를 보는 때로다
一気分時誰有見　　　한 기운 나누어질 때 누가 본 일 있으리
三皇以上我無知　　　3황 이상은 나도 알지 못해라
草衣木食何人說　　　풀로 옷 만들고, 나무열매 따 먹은 것 어
　　　　　　　　　　떤 사람 말인고
牛首蛇身史氏辭　　　소머리에 뱀 몸이란 것 사가의 말이로다
其贋其眞姑舍是　　　그 거짓, 그 참말 아직 버려두어라
尤翁非是愛吟詩　　　우옹이 시 짓기 좋아함이 아니로다

第三十一　　　　　　31

尤翁非是愛吟詩　　　우옹은 시 짓기 좋아함이 아니네
詩是包羲親見時　　　시는 복희씨를 몸소 보는 때로다
一兩四生聊序了　　　태극에서 양의, 4상 벌어진 것 차례도
　　　　　　　　　　뚜렷하고
百千萬數見些兒　　　백천만의 수를 여기에서 보도다
畫前之妙因而貢　　　괘효를 긋기 전의 오묘함 따라서 알게
　　　　　　　　　　되니
天下諸疑儘可稽　　　천하의 모든 의심 다 살필 수 있네
多謝聖神開物意　　　성신의 물질 개발한 뜻에 감사하노니
尤翁非是愛吟詩　　　우옹이 시 짓기 좋아함이 아니로다

第三十二

32

尤翁非是愛吟詩　　우옹은 시 짓기 좋아함이 아니네
詩是神農夢見時　　시는 신농씨를 꿈에 보는 때로다
草木並輸醫蜡制　　초목이 약품과 제수를 아울러 가져다주니
黔黎同識斷揉機　　백성이 방아 찧는 기계를 다 깨닫도다
雖云至道皆常道　　비록 지극한 도는 모두 일상의 도라고
　　　　　　　　　하지만

蓋自無爲漸有爲　　대개 자연으로부터 점점 인위로 한 것을
可笑許行要假託　　우습게도 허행이 비겨대고자 하였으니
尤翁非是愛吟詩　　우옹이 시 짓기 좋아함이 아니로다

第三十三

33

尤翁非是愛吟詩　　우옹은 시 짓기 좋아함이 아니네
詩是陳辭黃帝時　　시는 황제에게 이야기하는 때로다
銅鐵云何能作亂　　구리와 쇠가 어떻게 장난할 수 있으리오
干戈只是禁爲非　　방패와 창은 다만 잘못함을 금지할 뿐이
　　　　　　　　　로다

巡遊萬國光逾顯　　만국을 순수하니 광채 더욱 빛나고
委任千勻政莫疵　　중책을 위임하니 정치 잘못 없어라
獨恨東封留弊事　　홀로 동봉에 폐 남긴 일 한하였으니
尤翁非是愛吟詩　　우옹이 시 짓기 좋아함이 아니로다

第三十四

34

尤翁非是愛吟詩　　우옹은 시 짓기 좋아함이 아니네
詩是幽尋顓頊時　　시는 그윽이 전욱을 찾는 때로다
淵靜依神以制義　　고요히 신에 의지하여 의리를 제정하고

疏通無事可稽疑　다 알아 일이 없게 하여 의심을 풀었네

象天任地如欺己　하늘을 본받아 처지에 맡기어 길으니 자기를 속임 같았고

交趾流沙無不之　교지와 유사를 안 간 곳이 없도다

才子八人尤盛矣　재주 있는 아들 여덟 사람이 더욱 성대하니

尤翁非是愛吟詩　우옹이 시 짓기 좋아함이 아니로다

第三十五　　　35

尤翁非是愛吟詩　우옹은 시 짓기 좋아함이 아니네

詩是窮探帝嚳時　시는 제곡을 끝까지 찾는 때로다

生自神靈名自識　나면서부터 신령하여 이름 스스로 아니

仁而威信黙而知　어질면서도 위엄 있고, 믿음 있어 말 없이 다 알아

於民能利於神敬　백성에게 이롭게 하고, 귀신에겐 공경하니

惟子之勳惟父爲　오직 아드님의 공훈이 그 아버지가 한 것을

允執其中來有自　어여쁘게 그 가운데를 잡음이 비롯한 데 있나니

尤翁非是愛吟詩　우옹이 시 짓기 좋아함이 아니로다

第三十六　　　36

尤翁非是愛吟詩　우옹은 시 짓기 좋아함이 아니네

詩是欽惟唐帝時　시는 요임금을 흠모하는 때로다

縱是欽明文思德　저절로 공경하고, 밝아 문채 나고, 생각 깊은 덕

無如傲虐慢遊兒　게을리 노는 아이라도 오만하게 학대함

看他揖讓於仁聖　　그가 어진 성인에게 절하고, 사양하는
　　　　　　　　　것 보았더니
知亦禪傳乃耄期　　또한 늙어서는 왕위 물려 줄 줄 알았도다
蕩蕩之名猶强爾　　탕탕이란 표현도 오히려 억지이거니
尤翁非是愛吟詩　　우옹이 시 짓기 좋아함이 아니로다

第三十七　　　　　37

尤翁非是愛吟詩　　우옹은 시 짓기 좋아함이 아니네
詩是欽惟舜氏時　　시는 순임금을 흠모하는 때로다
漫漫禮儀皆有意　　두루두루 예절 갖춤 모두 생각 있었고
熙熙民物盡無機　　빛나고 빛난 백성과 사물 모두 자연이어라
正南面處帝何事　　남쪽으로 용상에 앉으니 임금에게 무슨
　　　　　　　　　일 있을까
韶九成來鳳已知　　소음악이 9절 이루어질 때 봉황도 이미
　　　　　　　　　알았네
床上南風琴德盛　　책상 위에 남쪽바람 노래의 덕이 성대하니
尤翁非是愛吟詩　　우옹이 시 짓기 좋아함이 아니로다

第三十八　　　　　38

尤翁非是愛吟詩　　우옹은 시 짓기 좋아함이 아니네
無間之言是仲尼　　공자도 우임금을 흠잡을 수 없다고 하였네
疏鑿平成功莫競　　넓게 뚫어 평지 만드니 그 공 누가 따를까
驅兼筆削事相追　　순임금의 짐승 쫓음과 공자의 춘추 지은
　　　　　　　　　일 서로 따랐네
貢賦之篇精一法　　서전의 공부편과 양심 정밀히 살펴 한결
　　　　　　　　　같이 지키는 법을

如何不與易繫辭   어찌하여 주역의 말씀 더불지 않았는고?
德衰定是齊東說   덕이 쇠잔하여 제나라 동쪽 학설이 정해지니
尤翁非是愛吟詩   우옹이 시 짓기 좋아함이 아니로다

第三十九   39

尤翁非是愛吟詩   우옹은 시 짓기 좋아함이 아니네
詩爲湯慙解釋時   시는 탕임금이 정벌한 부끄러움을 해석하는 때로다
南北不驚歸市者   남북으로 정벌할 때 시장 가는 이를 놀라게 아니함은
布昭仍報餉田兒   밥 가져다준 아이 죽인 복수임을 널리 밝힘이로다
論功天下民生遂   전쟁 그치니 천하에 백성의 삶 이루고
語德日躋聖敬持   덕으로 정치함에 날로 발전하여 성스럽고 경건함 간직했네
虺誥盤銘玄鳥頌   중훼고편과 소반대야 좌우명이요, 시전의 제비편이 있으니
尤翁非是愛吟詩   우옹이 시 짓기 좋아함이 아니로다

第四十   40

尤翁非是愛吟詩   우옹은 시 짓기 좋아함이 아니네
詩是文王對越時   시는 문왕이 하느님 만나는 때로다
萬國咸思堯日就   만국은 모두 요임금의 날이 될 것 생각하나
六州偏喜舜風吹   6주는 한쪽으로 순임금 바람 분 것 좋아하네

爭看靈囿麋麀伏　　문왕의 신령스런 공원 속에 사슴 엎디는
　　　　　　　　　　것 다투어보는데
快覩岐山鸑鷟飛　　기산에 봉황새 나는 것 유쾌하게 보도다
至德猶慙吳泰伯　　지극한 덕도 오히려 세자를 사양한 오나
　　　　　　　　　　라 태백에게 부끄러워하니
尤翁非是愛吟詩　　우옹이 시 짓기 좋아함이 아니로다

第四十一　　　　　41

尤翁非是愛吟詩　　우옹은 시 짓기 좋아함이 아니네
詩是縱觀大武時　　시는 위대한 무왕을 자유롭게 보는 때로다
善養周家歸大老　　늙은이를 잘 봉양하는 주나라에 위대한
　　　　　　　　　　늙은이들 돌아가고
崇姦商邑盡窮奇　　간사한 무리를 숭상한 상나라 서울은 아
　　　　　　　　　　주 사치해라
白魚河渡天休命　　흰 물고기 뛰어든 강 건넜으니 하늘의
　　　　　　　　　　명을 아름답게 받들었으니
黃鉞牧宮我有辭　　황금도끼 걸의 궁궐에 내가 할 말 있도다
未盡善焉然盡美　　지극히 착하지는 못할망정 그러나 지극
　　　　　　　　　　히 아름다우니
尤翁非是愛吟詩　　우옹이 시 짓기 좋아함이 아니로다

第四十二　　　　　42

尤翁非是愛吟詩　　우옹은 시 짓기 좋아함이 아니네
詩是桓文功罪時　　시는 제환공 진문공을 죄주는 때로다
會鄧會防名是甚　　등나라에서 회맹하고, 방 땅에서 회맹한
　　　　　　　　　　것 명분도 고약하고
弑君弑父故誰知　　임금 죽이고, 애비 죽인 자취 누가 알까?

隱哀十二中間事　　　은공과 애공의 열두 임금 사이에 사건을 기록한 춘추
禮義萬千年世垂　　　사람이 지켜야 할 예의 만 천 년 세상에 드리웠네
信矣賢於堯舜遠　　　공자는 아리따운 요순보다 아주 어질으니
尤翁非是愛吟詩　　　우옹이 시 짓기 좋아함이 아니로다

第四十三　　　43

尤翁非是愛吟詩　　　우옹은 시 짓기 좋아함이 아니네
詩是顰眉七國時　　　시는 전국7웅에게 눈썹을 찌푸리는 때로다
萬骨枯來軍將貴　　　일만 뼛골 말랐는데 군대의 장군은 귀하고
千金置後智謀歸　　　천금을 건 다음에 지혜로운 꾀가 모이도다
歡謳響滅寡孤哭　　　기쁜 노래 울렸다가 사라지면 과부 고아 울고
和気烟消霹靂飛　　　화기로운 노을 사라지면 번갯불이 튀네
仁義一言惟孟某　　　인과 의 한마디 말은 오직 맹자뿐이니
尤翁非是愛吟詩　　　우옹이 시 짓기 좋아함이 아니로다

第四十四　　　44

尤翁非是愛吟詩　　　우옹은 시 짓기 좋아함이 아니네
詩是秦關吊古時　　　시는 진나라 관문에 옛날을 조상하는 때로다
寶鼎東來姬錄絶　　　도읍을 동쪽으로 옮기니 주나라 왕조 끊어지고
黃金西入華陽啼　　　황금이 서쪽으로 드니 화양부인이 지저귀었네
九千來日六王畢　　　9,000일에 여섯 임금이 끝이 나더니

十五惟年一石歸　　　　오직 15년에 하나의 돌무덤으로 돌아갔네
萬世胡爲惟二世　　　　만세에 이른다 하더니 어찌 두 임금뿐인가
尤翁非是愛吟詩　　　　우옹이 시 짓기 좋아함이 아니로다

第四十五　　　　　　　45

尤翁非是愛吟詩　　　　우옹은 시 짓기 좋아함이 아니네
詩是揄揚漢道時　　　　시는 한나라의 정치를 치켜세우는 때로다
帝叙三綱曾體立　　　　임금이 3강을 펴니 일찍 체제가 섰고
時宜萬目莫毛吹　　　　때에 적절히 정치를 하니 흠을 잡지 마라
百年善政無殘殺　　　　100년의 착한 정치에 잔인한 죽음 없고
千里中原美食衣　　　　1,000리 중국에 음식과 옷이 아름다워
過魯無前一祀事　　　　노나라 지나면서 공자 앞에 제사 지내지
　　　　　　　　　　　안했으니
尤翁非是愛吟詩　　　　우옹이 시 짓기 좋아함이 아니로다

第四十六　　　　　　　46

尤翁非是愛吟詩　　　　우옹은 시 짓기 좋아함이 아니네
詩是思量後漢時　　　　시는 후한을 생각하는 때로다
高帝人民方願戴　　　　고제는 인민이 바야흐로 추대하기를 바
　　　　　　　　　　　랐나니
先王道德肯全衰　　　　선왕의 도덕이 모두 쇠잔하리오
詩書典籍隨征馬　　　　시경서전 책들이 징벌하는 말을 따랐고
玉帛笙簧間鐵衣　　　　예물과 악기도 갑옷 속에 끼었도다
體用之間猶雜覇　　　　본체와 작용 사이 오히려 섞여 이기니
尤翁非是愛吟詩　　　　우옹이 시 짓기 좋아함이 아니로다

第四十七　　　　　　　47

尤翁非是愛吟詩　　　우옹은 시 짓기 좋아함이 아니네
詩是吁嗟蜀漢時　　　시는 촉한을 탄식하는 때로다
宇宙皆輸狐取媚　　　우주를 모두 실어다 여우에게 교태를 부리는데
英雄應歎兎無脾　　　영웅이야 응당 토끼에게 쓸개 없는 것 탄식하겠지
敢云滕國興王業　　　작은 등나라가 왕업을 일으킴을 감히 말하였으나
却似鷦鷯寄一枝　　　문득 뱁새가 한 가지에 의지함 같아라
然且春秋歸正朔　　　그래도 춘추는 정월 초하루로 정통을 세우니
尤翁非是愛吟詩　　　우옹이 시 짓기 좋아함이 아니로다

第四十八　　　　　　　48

尤翁非是愛吟詩　　　우옹은 시 짓기 좋아함이 아니네
詩是淡誅老賊時　　　시는 늙은 도적 조조를 목 베는 때로다
小數逢時稱武略　　　작은 술수로 때를 만나니 무략가라 일컬으고
姦心如鬼號沉幾　　　간사한 마음은 귀신 같으니 기미 안다고 불리도다
纍纍疑冢情難諱　　　겹겹이 쌓인 눈 가리는 무덤은 진정 속이기 어려우니
眷眷分香欺叟誰　　　돌아보고 돌아보는 향 나누어줌은 누구를 다시 속이리
多謝紫陽聲罪筆　　　감사하게도 주자가 조조의 위나라를 자치통감강목에서 죄주었으니

尤翁非是愛吟詩　　　　우옹이 시 짓기 좋아함이 아니로다

第四十九　　　　　　49

尤翁非是愛吟詩　　　　우옹은 시 짓기 좋아함이 아니네
詩是冷看典午時　　　　시는 냉정히 사마씨의 진나라를 보는 때
　　　　　　　　　　　로다
大物潛移非帝命　　　　대권이 숨어서 옮겨 감은 하늘의 명 아
　　　　　　　　　　　니니
斯民能敬失王司　　　　이 백성이 능히 왕위 버린 것 공경하도다
八王內難同然豆　　　　여덟 왕자가 속에서 싸우니 콩깍지가 콩
　　　　　　　　　　　볶는 것 같은데
千里中州沸涅題　　　　천 리 중원 땅이 들끓게 한 우두머리로다
江左偏安亦幸耳　　　　양자강 왼쪽에 편안히 사는 것도 다행일
　　　　　　　　　　　뿐이니
尤翁非是愛吟詩　　　　우옹이 시 짓기 좋아함이 아니로다

第五十　　　　　　　50

尤翁非是愛吟詩　　　　우옹은 시 짓기 좋아함이 아니네
南北之朝可厭時　　　　시는 남북 왕조를 싫어하는 때로다
裔種生心爭禹甸　　　　말종이 욕심을 내서 우임금이 개척한 땅
　　　　　　　　　　　을 다투니
中原無主挺伊尼　　　　중국에 주인 없어 이윤 중니의 학문 뽑
　　　　　　　　　　　아냈네
瓜蛆爛熳誰能去　　　　오이 같은 지네들 꿈틀대는데 누가 능히
　　　　　　　　　　　제거할고
江水平分數莫違　　　　강물도 반으로 나뉘어 운수 어기기 어렵
　　　　　　　　　　　도다

欠一夷吾眞可歎　　한 사람의 관중이 없는 것 참으로 탄식하노니

尤翁非是愛吟詩　　우옹이 시 짓기 좋아함이 아니로다

第五十一　　　　　51

尤翁非是愛吟詩　　우옹은 시 짓기 좋아함이 아니네
彼哉彼哉隋氏時　　시는 수나라를 외면하는 때로다
內間惟聽誤我妻　　궁궐 속에서는 오직 나를 그르치는 부인 말만 듣고

亂德何須有九黎　　어지러운 마음씨에 어찌 많은 백성 두리오?
當初騎虎肇鴻基　　당초에 범을 타고 왕업을 열더니
兒子效尤爲禍梯　　아이들이 허물을 본받아 재앙 사다리 되었네

出乎反乎理可知　　너에게서 나온 것은 너에게로 돌아가는 이치 알겠으니

尤翁非是愛吟詩　　우옹이 시 짓기 좋아함이 아니로다

第五十二　　　　　52

尤翁非是愛吟詩　　우옹은 시 짓기 좋아함이 아니네
詩是醜差仙李時　　시는 당나라를 더럽게 여기는 때로다
論以三王誰不唾　　3왕으로 논하면 누군들 침 뱉지 않고
評之五伯事猶私　　5백으로 평하여도 일이 오히려 사사로워라
假人假義誰云久　　인을 빌리고 의를 빌리니 누가 오래간다 하리

爲鐵爲金何可違　　쇠 만들고 금 만들어도 어찌 가히 어기리오

継體昏風感興咏　　몸을 이어 혼탁한 풍속 감흥을 노래하니

尤翁非是愛吟詩　　　우옹이 시 짓기 좋아함이 아니로다

第五十三　　　53

尤翁非是愛吟詩　　　우옹은 시 짓기 좋아함이 아니네
五季紛爭匪我思　　　5계의 어지러운 싸움 나의 생각할 것 아니로다
一片中原輸傳舍　　　한 조각 중원을 실어다 이어 버려두니
十餘皇帝似蠅飛　　　10여 명의 황제가 파리 날듯 하여라
亂如不極治何至　　　혼란이 극도에 이르지 아니하면 치세가 어찌 이르리오
奎已先微天實爲　　　규성이 이미 먼저 희미한 것 하늘이 실로 하거늘
曹檜而豳知聖意　　　조나라 회나라 그리고 빈나라는 성왕 뜻을 알았으니
尤翁非是愛吟詩　　　우옹이 시 짓기 좋아함이 아니로다

第五十四　　　54

尤翁非是愛吟詩　　　우옹은 시 짓기 좋아함이 아니네
眼爲明開宋氏時　　　눈을 크게 뜨고 송나라를 보는 때로다
文治欲興星度應　　　문치가 일어나려면 별자리가 응하고
民生厭亂帝庭知　　　백성 혼란을 싫어함 하느님이 알도다
秦餘道得諸儒顯　　　진나라가 남긴 도를 얻어 여러 선비 나타나니
堯後又逢五事遲　　　요임금 뒤로 또다시 감각 더딘 시절 만났도다
惜也天津鵑一叫　　　아깝게도 천진에서 소쩍새 한 번 울었으니
尤翁非是愛吟詩　　　우옹이 시 짓기 좋아함이 아니로다

第五十五   55

尤翁非是愛吟詩   우옹은 시 짓기 좋아함이 아니네
詩是永嘆南渡時   시는 남송을 길이 탄식하는 때로다
解道神靈泥馬事   신령하게 취한 말을 붙잡을 도가 풀리고
無人經理屬猪基   경리하여 받은 돼지를 우리에 가둘 사람
                       없도다
風霜沙漠何心忘   바람 불고 서리치는 모래땅을 어찌 마음
                       에 잊으리오
玉帛珍函俯首爲   옥과 비단 보배함 가지고 머리 숙였네
悽切岳王墳一曲   처량하게 악비의 묘에 노래 한 곡 부르
                       노니
尤翁非是愛吟詩   우옹이 시 짓기 좋아함이 아니로다

第五十六   56

尤翁非是愛吟詩   우옹은 시 짓기 좋아함이 아니네
感慨胡元得志時   오랑캐 원나라가 날뛰는 것 한탄하는 때
                       로다
象魏繽紛羣犬豕   대궐문에는 어지러이 개 돼지가 떼 짓고
龍章燦爛付阿誰   모양도 찬란하게 아부한 이 누구인가
三王禮樂頭爭掉   3왕의 예악은 머리 다투어 흔들고
萬國衣冠手以揮   만국의 의관 풍속 손으로 휘젓도다
天乃胚胎生大聖   하늘이 이에 잉태하여 큰 성인 내나니
尤翁非是愛吟詩   우옹이 시 짓기 좋아함이 아니로다

第五十七   57

尤翁非是愛吟詩   우옹은 시 짓기 좋아함이 아니네

詩是欣逢聖際時　　시는 기쁘게 성인(명나라 주원장)을 만나는 때로다

武功文謨何足說　　무인의 공이나 문인의 계획 어찌 족히 말하리

神功聖德有誰知　　신비한 공, 성스러운 덕 누가 있어 알리오!
陰陽平運道如是　　음양이 화평한 기운, 도가 이와 같나니
造化無能天爲悲　　창조 개화 잘하지 못함을 하늘도 슬퍼하네
痛哭甲申三月日　　명나라가 망한 갑신년 3월의 날을 통곡하노니
尤翁非是愛吟詩　　우옹이 시 짓기 좋아함이 아니로다

第五十八　　58

尤翁非是愛吟詩　　우옹은 시 짓기 좋아함이 아니네
詩是流觀宇宙時　　시는 우주를 흘러보는 때로다
於萬於千年代去　　만 년에, 천 년에 연대가 지났으니
其治其亂聖狂爲　　치세와 난세는 성인과 미친 이 함이로다
人間逝水無窮過　　인간이 흐르는 물처럼 끝없이 지나가니
泥上賓鴻底處飛　　호수 위에 철새가 낮은 곳으로 날도다
適此腥臊天下日　　청나라 오랑캐가 날뛰는 날을 만났으니
尤翁非是愛吟詩　　우옹이 시 짓기 좋아함이 아니로다

第五十九　　59

尤翁非是愛吟詩　　우옹은 시 짓기 좋아함이 아니네
自覺多言害事時　　많은 말이 일을 해치는 것 스스로 깨닫는 때로다

道學淵源須著眼　　도학이 말미암아 나오는 곳 모름지기 눈 붙여서

古今成敗莫揚眉　　　옛날 이제 이루고 실패함 눈썹에 드러내
　　　　　　　　　　　지 말라
誰知精一相傳授　　　정밀하고 한결같은 마음을 서로 전해 줌
　　　　　　　　　　　누가 알리
恰似陰陽密挼移　　　음양이 맞붙어 조금씩 옮겨감과 흡사하네
從此門庭眞洞闢　　　이로부터 문과 마당 참으로 활짝 열리니
尤翁非是愛吟詩　　　우옹이 시 짓기 좋아함이 아니로다

第六十　　　　　　　60

尤翁非是愛吟詩　　　우옹은 시 짓기 좋아함이 아니네
詩是周公上下時　　　시는 주공이 오르고 내리는 때로다
運用天機爛熟事　　　하늘의 기틀을 운용함이야 아주 익숙한
　　　　　　　　　　　일이요
周流卦德徃來知　　　주역의 괘덕을 두루두루 씀에 가고 오을
　　　　　　　　　　　알았네
三王禮樂皆昭布　　　3왕의 예악이 모두 밝게 퍼지고
六位方圓互變移　　　여섯 자리의 모나고 둥근 것 서로 변하
　　　　　　　　　　　여 옮기도다
肅祇將歡餘事己　　　엄숙히 공경하여 장차 남은 일 기뻐하노니
尤翁非是愛吟詩　　　우옹이 시 짓기 좋아함이 아니로다

第六十一　　　　　　61

尤翁非是愛吟詩　　　우옹은 시 짓기 좋아함이 아니네
鑽仰沒身宣聖時　　　공자님을 죽을 때까지 우러러보는 때로다
比德皇王誰與盛　　　덕을 옛 성왕에 비긴들 누가 더욱 성대
　　　　　　　　　　　하리
侔功天地未應衰　　　공을 하늘땅에 짝해도 응당 쇠약하지 않

도다

| 不阿所好三人語 | 아첨하지 아니하고 좋아하는 바를 따름은 세 제자의 말인즉 |

不阿所好三人語 　아첨하지 아니하고 좋아하는 바를 따름은 세 제자의 말인즉
罔極之恩萬世施 　다함없는 은혜를 만세에 베풀었네
道統從玆移在下 　도통이 이에 흘러 초야에 옮겨 있나니
尤翁非是愛吟詩 　우옹이 시 짓기 좋아함이 아니로다

第六十二　　　　　62

尤翁非是愛吟詩 　우옹은 시 짓기 좋아함이 아니네
仰止顔生好學時 　우러러 안연의 배우기 좋아함을 공경하는 때로다
自有簞瓢而博約 　자신은 한 대 바구니 밥과 한 바가지 물로 넓게 배우고, 간략하게 집약하는 공부하고
某方南北又東西 　공자는 남북으로 또 동서로 다녔도다
虛其實且無其有 　가득 참을 텅 비우고도 또한 그 가진 것이 없게 하니
德愈高時意愈低 　덕이 더욱 높을 때에 생각 더욱 얕았네
生歎賢哉死慟矣 　살아서는 어짊을 감탄하고, 죽음에 애통했나니
尤翁非是愛吟詩 　우옹이 시 짓기 좋아함이 아니로다

第六十三　　　　　63

尤翁非是愛吟詩 　우옹은 시 짓기 좋아함이 아니네
詩是參乎仰止時 　시는 증삼을 우러러보는 때로다
道自聖師而已得 　도는 공자로부터 이미 얻었고
孝由虞舜以來稀 　효성은 순임금 이래로 드물었도다

承家不逐風雩詠　　　가도를 이어 우에 바람 쐬고 노래함 좇
　　　　　　　　　　지 않고
閉戶誰歌鳳德衰　　　문 닫고 누가 봉황의 덕 쇠했다고 노래
　　　　　　　　　　하나
劉氏編摩朱子跋　　　유씨가 편집한 효경, 주자가 발문 썼나니
尤翁非是愛吟詩　　　우옹이 시 짓기 좋아함이 아니로다

第六十四　　　　　　64

尤翁非是愛吟詩　　　우옹은 시 짓기 좋아함이 아니네
玩索中庸未得時　　　중용의 진리 연구하여 깨닫지 못하는 때
　　　　　　　　　　로다
忄命中和終位育　　　사람의 성품이 천명과 중화하면 마침내
　　　　　　　　　　하늘땅이 제자리 잡히고, 만물이 자라나
　　　　　　　　　　는데
堯舜文武洎周尼　　　요, 순, 문왕, 무왕의 도가 주공과 공자
　　　　　　　　　　에게 미쳤네
推原遂至無聲臭　　　근본을 따지면 소리도 냄새도 없는 데
　　　　　　　　　　이르러 이루어지고
包括那能有際期　　　모두 포괄하나니 어찌 능히 끝이 있으리오
千聖淵源如指掌　　　일천 성인의 마음속이 손바닥에 가르침
　　　　　　　　　　같거니
尤翁非是愛吟詩　　　우옹이 시 짓기 좋아함이 아니로다

第六十五　　　　　　65

尤翁非是愛吟詩　　　우옹은 시 짓기 좋아함이 아니네
詩是推尊孟氏時　　　시는 맹자를 밀어 높이는 때로다
浩気養時充道義　　　호연한 기상을 기를 때, 도의 가득 차고

泰山高處俯虹霓　　태산이 높은 곳에 무지개도 엎드리도다
捍邊寧社爲方召　　양주 묵적의 침범 막고, 4단 밝혀 백성
　　　　　　　　　편안히 하니 방정하고 뚜렷하며
捨律抛規作曠離　　규율을 버리고 법도를 포기하면 황량하
　　　　　　　　　고 지리해지도다
三聖継來誰復繼　　세 성인이 이어온 것 누가 다시 이을 건가
尤翁非是愛吟詩　　우옹이 시 짓기 좋아함이 아니로다

第六十六　　　　　66

尤翁非是愛吟詩　　우옹은 시 짓기 좋아함이 아니네
攘斥荀揚反道時　　순경을 물리치고 도를 어긴 것 드러내는
　　　　　　　　　때로다
幸在季時容放恣　　요행이 말세에 살아 방자함을 용납했지만
如逢孟子卽離披　　만일 맹자를 만났더라면 얼굴이 붉었을
　　　　　　　　　것을
報仇行刼基秦火　　원수 갚는 데 겁내니, 진나라 불길 씨 되
　　　　　　　　　었고
投閣全身病夏畦　　집에 들어앉아 몸을 온전히 하니 여름에
　　　　　　　　　김매기 힘들어했네
議不精詳眞失出　　의논이 정밀하고, 자상치 못해 진리를
　　　　　　　　　잃어버렸으니
尤翁非是愛吟詩　　우옹이 시 짓기 좋아함이 아니로다

第六十七　　　　　67

尤翁非是愛吟詩　　우옹은 시 짓기 좋아함이 아니네
詩是王韓長短時　　시는 왕충과 한퇴지의 길고 짧음 논하는
　　　　　　　　　때로다

韞櫝不必輕衒玉　　괴짝 속에 감출지언정 반드시 옥을 팔러
　　　　　　　　　　가볍게 다닐 필요가 없고

踰墻寧可遂無妻　　담을 넘는 것보다는 차라리 아내 없이
　　　　　　　　　　살 것을

二公有道誠難匹　　두 사람이 도 있는 것 참으로 짝하기 어
　　　　　　　　　　려우나

三月無君過自悲　　석 달 동안 임금 없는 것 지나치게 스스
　　　　　　　　　　로 슬퍼했네

聖緒雖然猶有賴　　성인의 학통이 그래도 오히려 힘입었으니
尤翁非是愛吟詩　　우옹이 시 짓기 좋아함이 아니로다

第六十八　　　　　68

尤翁非是愛吟詩　　우옹은 시 짓기 좋아함이 아니네
再見乾坤開闢時　　하늘과 땅이 열리는 것을 다시 보는 때
　　　　　　　　　　로다

天降濂翁全付託　　하늘이 주렴계를 내려 모두 부탁하였으니
帝監衰世幾傷悲　　하느님이 쇠퇴한 세상 보고 몇 번이나
　　　　　　　　　　슬퍼하였나

通書太極關千聖　　통서와 태극도설은 일천 성인을 통했고
大用宏綱會一齊　　큰 작용과 굉장한 강령을 하나로 가지런
　　　　　　　　　　히 모았네

霽月光風眞気象　　비갠 달빛 풍경 참 기상이어니
尤翁非是愛吟詩　　우옹이 시 짓기 좋아함이 아니네

第六十九　　　　　69

尤翁非是愛吟詩　　우옹은 시 짓기 좋아함이 아니네
頌歎程純明道時　　시는 정명도를 칭송하는 때로다

顔氏風雲傳者是　　안연의 높은 경지 이에 전하여졌고
濂翁光霽在于誰　　주렴계의 밝은 빛 누구에게 있는가?
淵源姚姒周兼孔　　뿌리는 순임금, 우임금, 주공과 공자 아
　　　　　　　　　울렀으니
敍秩君親子若妻　　예절은 임금과 어버이 아들과 아내로구나
珍重潞公題墓字　　진중한 문언박이 묘비를 썼으니
尤翁非是愛吟詩　　우옹이 시 짓기 좋아함이 아니로다

第七十　　　　　70

尤翁非是愛吟詩　　우옹은 시 짓기 좋아함이 아니네
詩是伊川蕭敬時　　시는 정이천을 엄숙히 공경하는 때로다
欲識先生身上事　　선생의 몸소 한 일 알고자 하거든
須看伯子墓前題　　모름지기 정명도의 묘 앞에 비문을 보아라
堪嗟紹聖仇君子　　아깝게도 임금이 군자를 유배 보내니
多謝涪州贊彖義　　감사하게도 부주에서 주역을 해설하였네
規矩準繩寧禹下　　그림쇠, 모난자, 수평, 먹줄통 어찌 우임
　　　　　　　　　금 아래 가리
尤翁非是愛吟詩　　우옹이 시 짓기 좋아함이 아니로다

第七十一　　　71

尤翁非是愛吟詩　　우옹은 시 짓기 좋아함이 아니네
寤寐堯夫安樂時　　자나 깨나 소강절이 안락한 때로다
帝伯皇王些子事　　황제 되고 임금 되는 것이야 조그마한
　　　　　　　　　일이요
風花雪月化工爲　　바람, 꽃, 눈, 달은 조물주가 하는 것을
如無太極先天學　　만일 태극의 선천세계 학문이 없었던들
誰識文王易繫辭　　누가 문왕의 주역 말씀 알리오

最是伏羲親見後　　　복희를 친히 본 뒤가 가장 좋으니
尤翁非是愛吟詩　　　우옹이 시 짓기 좋아함이 아니로다

第七十二　　　　　　72

尤翁非是愛吟詩　　　우옹은 시 짓기 좋아함이 아니네
夷考中誠明子時　　　마음이 성실하고 밝음을 공평하게 고찰
　　　　　　　　　　하는 때로다
一大淸虛誠妙耳　　　장횡거의 하나의 크고 맑은 태허는 참으
　　　　　　　　　　로 신묘하나니
孫吳佛老盡奴之　　　손자, 오기, 불교, 노장사상을 모두 노예
　　　　　　　　　　로 취급하였네
訂頑旣是淸人事　　　서명은 이미 청렴한 사람의 일이니
明道嘗非龍女衣　　　정명도가 일찍이 용여의 옷을 비난하였네
孟與伊夷論未定　　　맹자의 이윤, 백이에 대한 평론이 정해
　　　　　　　　　　지지 않았으니
尤翁非是愛吟詩　　　우옹이 시 짓기 좋아함이 아니로다

第七十三　　　　　　73

尤翁非是愛吟詩　　　우옹은 시 짓기 좋아함이 아니네
詩是追宗涑水時　　　시는 사마광을 추모하여 높이는 때로다
時際女堯舜敬信　　　때는 저 요순을 공경하여 믿는 끝이요
仁淪百萬億肝脾　　　인은 백만 억 인류의 간과 쓸개에서 녹
　　　　　　　　　　아 버렸도다
一年事業誠無比　　　한 해의 사업이 참으로 비교할 데 없으니
千聖精微不許知　　　일천 성인의 정밀한 뜻을 알게 하지 않았네
而有滄洲從祀事　　　창주의 사당에 종사한 일 있나니
尤翁非是愛吟詩　　　우옹이 시 짓기 좋아함이 아니로다

第七十四　　　74

尤翁非是愛吟詩　　우옹은 시 짓기 좋아함이 아니네
江漢秋陽晦父時　　마음을 강물에 빨고, 가을볕에 말린 주자
　　　　　　　　　를 생각하는 때로다
帝遣先生修孔業　　하느님이 선생을 보내 공자사업 다듬게
　　　　　　　　　하니
身專元氣運天機　　몸에 원기를 오로지하여 하늘 기틀 운전
　　　　　　　　　하였네
成如衆樂摠條貫　　이룬 것은 마치 뭇 음악에 기본 조리 꿰
　　　　　　　　　뚫음 같고
職作諸儒都指揮　　직분은 여러 선비의 총지휘자가 되었도다
歎息光華輪僞逆　　영광을 가지고 허위 역적이라 뒤집어씌
　　　　　　　　　움 탄식하나니
尤翁非是 愛吟詩　　우옹이 시 짓기 좋아함이 아니로다

第七十五　　　75

尤翁非是愛吟詩　　우옹은 시 짓기 좋아함이 아니네
詩是宣公取友時　　시는 장경부가 벗을 취하는 때로다
文定淵源誰正適　　문정공의 마음씨야 비록 바르고 알맞지만
晦翁磨切儘精微　　주자와 갈고 잘라 모두 정미하여졌도다
斯文丕責天復降　　사문의 큰 책임 하늘이 반드시 내거니와
恢復良籌手自持　　좋은 꾀로 회복하는 것을 손에 스스로
　　　　　　　　　간직했네
多少酹辭銘贊序　　강신주 조금 따라 놓고, 그 말씀 기리노니
尤翁非是愛吟詩　　우옹이 시 짓기 좋아함이 아니로다

第七十六　　　　　　　　76

尤翁非是愛吟詩　　　우옹은 시 짓기 좋아함이 아니네
詩是成公得友時　　　시는 여동래가 벗을 얻는 때로다
麗澤滋資功益進　　　벗과 강습 많이 해 공부 더욱 높았고
寒泉編錄理無遺　　　한천에서 편집한 근사록 이치 남긴 것
　　　　　　　　　　없어라
中原文獻兼川朔　　　중국의 문헌이 내를 아울러 처음으로 가니
大事工夫可罪知　　　큰일은 공부에 죄를 가히 아는 것이로다
退老堂中眞像贊　　　퇴로당 속에 진상을 찬미하노니
尤翁非是愛吟詩　　　우옹이 시 짓기 좋아함이 아니로다

第七十七　　　　　　　　77

尤翁非是愛吟詩　　　우옹은 시 짓기 좋아함이 아니네
緬想河南門下時　　　아득하게 하남 정자의 제자를 생각하는
　　　　　　　　　　때로다
座上坐時風習習　　　윗자리에 앉을 때 바람도 훈훈하고
門前旋處雪垂垂　　　문 앞에서 돌아가는 곳 눈도 점점 쌓였네
行常言近知之易　　　행동은 떳떳하고, 말은 비근하니 알기도
　　　　　　　　　　쉽지만
宮廣墻高入者稀　　　집이 넓고, 담장이 높아 들어가는 이 드
　　　　　　　　　　물어라
可惜多從禪學去　　　애석하게도 대부분 선학으로 가 버렸으니
尤翁非是愛吟詩　　　우옹이 시 짓기 좋아함이 아니로다

第七十八　　　　　　　　78

尤翁非是愛吟詩　　　우옹은 시 짓기 좋아함이 아니네

遠溯朱門諸子時　　　멀리 주자 문하에 여러 제자에 올라가는 때로다

多術共承洙泗教　　　많은 학술 함께 받았으니 공자의 가르침이요

一言誰贊夏游辭　　　한마디 말이라도 누가 자하 자유의 말처럼 도울꼬

皆存席也又堦也　　　모두 자리 갖추었지만 또 계단 있나니
公誦濯之兼曝之　　　주자가 말하기를 빨았어도 아울러 바래라고 하였네

繳繞支離源遠後　　　얽혀서 지리한 것은 근원이 멀어진 다음이니

尤翁非是愛吟詩　　　우옹이 시 짓기 좋아함이 아니로다

第七十九　　　79

尤翁非是愛吟詩　　　우옹은 시 짓기 좋아함이 아니네
父母吾邦小若棊　　　아버지 어머니 나라 우리나라는 작기가 바둑판 같아도

宣聖欲居何陋有　　　공자가 와서 살고자 하였으니 어찌 누추함 있으리오

殷師叙範正無爲　　　기자가 홍범을 펼치니 바로 자연히 이루어졌네

華豊夷嗇言殊妄　　　문화가 많고, 야만이 적으니 언어도 망령됨이 없는데

東舜西文道可窺　　　동방에 순임금 나고, 서방에 문왕 나오니 도를 엿볼 수 있었네

魯國不妨周禮在　　　노나라에 주나라 예법 있는 것 해롭지지 않으니

尤翁非是愛吟詩　　　우옹이 시 짓기 좋아함이 아니로다

第八十　　　　　　　80

尤翁非是愛吟詩　　　우옹은 시 짓기 좋아함이 아니네
歎息三韓三國時　　　3한과 3국을 탄식하는 때로다
一似邾滕褊小己　　　하나같이 주나라, 등나라처럼 변방에 작
　　　　　　　　　　은 나라인데
還同齊楚戰攻之　　　도리어 제나라, 초나라의 큰 나라처럼
　　　　　　　　　　싸움만 하였네
扶持土地猶云幸　　　국토를 지키는 것도 오히려 다행이거늘
敗走隨唐却可疑　　　수나라, 당나라와 싸워 이긴 것 문득 놀
　　　　　　　　　　라워라
戰骨如山千百載　　　전사의 유골이 산처럼 쌓임이 천백 년이니
尤翁非是愛吟詩　　　우옹이 시 짓기 좋아함이 아니로다

第八十一　　　　　　81

尤翁非是愛吟詩　　　우옹은 시 짓기 좋아함이 아니네
終始高麗五百時　　　고려의 500년을 모두 보는 때로다
三國混來爭戰己　　　세 나라가 어지러웠던 전쟁은 끝나고
萬民休處鑿耕爲　　　만 민이 쉬는 곳에 우물 파고 밭 갈았네
儒家風敎乍還廢　　　유교의 덕풍 교화 잠깐 도리어 폐하더니
釋氏輪廻信不疑　　　석가의 윤회사상 믿어 의심치 않았도다
一代宗盟輸圃老　　　한 시대의 우두머리는 포은 노인에게 주
　　　　　　　　　　었나니
尤翁非是愛吟詩　　　우옹이 시 짓기 좋아함이 아니로다

第八十二　　　　　　82

尤翁非是愛吟詩　　　우옹은 시 짓기 좋아함이 아니네

歌誦王家萬世時　　　　조선 왕조 만세를 노래하는 때로다
俗化變夷周禮樂　　　　세속을 교화하여 야만습성 바꾸니 주나
　　　　　　　　　　　라의 예악이요
聖神傳法舜危微　　　　성인 신인이 전해 준 법은 순임금의 도
　　　　　　　　　　　덕심이로다
仁恩德澤昆蟲被　　　　어진 덕의 은택은 곤충에게까지 입히고
論孟詩書僕隷知　　　　논어, 맹자, 시전, 서경 평민들도 알도다
只恨今無齊管仲　　　　이제는 오로지 제나라 관중 같은 인물
　　　　　　　　　　　없는 것을 한하노니
尤翁非是愛吟詩　　　　우옹이 시 짓기 좋아함이 아니로다

第八十三　　　　　　　83

尤翁非是愛吟詩　　　　우옹은 시 짓기 좋아함이 아니네
尙古之書誦讀時　　　　옛날을 숭상하는 글을 외어 읽는 때로다
已有羲軒事不取　　　　이미 있었던 복희황제의 일 취하지 않고
只從堯舜典胡爲　　　　서전은 다만 요순전으로부터 시작한 것
　　　　　　　　　　　어째서인가
鳳凰來處明開眼　　　　봉황이 오는 곳에 눈도 밝게 뜨이고
淵藪萃時亟皺眉　　　　못과 숲에 짐승 모여들 때 자주 눈썹 찡
　　　　　　　　　　　그렸네
秦穆誓言收錄意　　　　진나라 목공이 맹세한 어진이를 보배로
　　　　　　　　　　　삼는 말 거두어 실은 뜻있나니
尤翁非是愛吟詩　　　　우옹이 시 짓기 좋아함이 아니로다

第八十四　　　　　　　84

尤翁非是愛吟詩　　　　우옹은 시 짓기 좋아함이 아니네
六義篇章諷詠時　　　　여섯 뜻의 편장을 노래하는 때로다

有魯駉言皆蔽蓋　노경의 말이 있어 모두 아울러 덮었으니
經宣聖手益光輝　시경은 공자의 손을 거쳐서 더욱 빛나도다
文王淸廟微言闡　문왕편과 청묘편에서 은미한 말씀 밝혀지고

蕩帝旻天大道虧　탕편과 소민편에서 큰 도 이지러졌네
整釐紛挐朱氏傳　어지러운 것을 정리한 주자전이 있나니
尤翁非是愛吟詩　우옹이 시 짓기 좋아함이 아니로다

第八十五　　　85

尤翁非是愛吟詩　우옹은 시 짓기 좋아함이 아니네
詩是尤翁讀易時　시는 우옹이 주역 읽는 때로다
至理有微還有顯　지극한 이치는 은미하지만 도리어 뚜렷함이 있나니

聖人何慮復何思　성인이 무엇을 염려하며, 다시 무엇을 생각하리오
皇羲不必因龍畫　복희는 반드시 용마도를 인연하여 그음이 아니며

程氏何須見兎知　정이천은 어찌 모름지기 토끼 보고 알았으리

周孔邵兼朱子說　주공과 공자와 소강절의 말을 아우른 것이 주자 학설이니
尤翁非是愛吟詩　우옹이 시 짓기 좋아함이 아니로다

第八十六　　　86

尤翁非是愛吟詩　우옹은 시 짓기 좋아함이 아니네
筆削之書不識時　춘추의 쓰고 깎는 글을 알지 못한 때로다
爭把意來經上說　다투어 잡는 뜻이 온 것은 경전의 학설

이요

奈如奴自塚中歸　　어찌하여 종으로 자처해 무덤 속으로 돌아가리

奏篇胡作中興義　　해설한 글이 어찌 중흥하는 뜻이 되리오
不註朱爲後學規　　주 달지 않은 주자가 후학의 규범 되네
鳳至麟來一般理　　봉황이 이르고, 기린 오는 것은 한 가지 이치니

尤翁非是愛吟詩　　우옹이 시 짓기 좋아함이 아니로다

第八十七　　87

尤翁非是愛吟詩　　우옹은 시 짓기 좋아함이 아니네
詩是尤翁讀禮時　　시는 우옹이 예기 읽는 때로다
一降一升皆至理　　한 번 내려오고, 한 번 올라감이 모두 지극한 이치

三千三百儘如絲　　3천의 곡례와 3백의 의례가 다 실 가닥 같도다

極知端死湥提倨　　예절이 없으면 금방 죽을 줄 알아야 깊이 붙잡아 누이니

莫說無違獨語遲　　예를 어김이 없다고 말하지 말고, 혼자 말이라도 천천히

最是閩翁通解意　　가장 옳은 것은 주자가 뜻풀이한 것이니
尤翁非是愛吟詩　　우옹이 시 짓기 좋아함이 아니로다

第八十八　　88

尤翁非是愛吟詩　　우옹은 시 짓기 좋아함이 아니네
詩是湥嗟樂缺時　　시는 깊이 악기 없어진 것 탄식하는 때로다

上世雲韺元莫理　　상고시대 악기야 원래 알 수 없지만
周家咸武亦誰知　　주나라 무왕의 음악 또한 누가 알리
嵇康廣散猶徵逼　　혜강의 광산이 오히려 징험하기 가깝지만
渥水神駒定是欺　　악수와 신구는 분명히 속임이어라
幸有西山書兩卷　　다행히 서산의 글이 두 권 있나니
尤翁非是愛吟詩　　우옹이 시 짓기 좋아함이 아니로다

第八十九　　　　　89

尤翁非是愛吟詩　　우옹은 시 짓기 좋아함이 아니네
大學之篇熟讀時　　시는 대학을 숙독하는 때로다
程氏表章濊意見　　정자가 세상에 드러낸 것은 깊은 의견이요
閩翁註解極思惟　　주자가 주 달아 푼 것은 지극한 생각이
　　　　　　　　　어라
三賢一聖相傳受　　세 어진 이가 한 성인에게서 서로 전해
　　　　　　　　　받았으나
百謬千差敢是非　　백 가지로 틀리고, 천 가지로 어그러져
　　　　　　　　　옳다 그르다 하누나
和靖半年方看得　　화정이 반 년 만에 바야흐로 다 보니
尤翁非是愛吟詩　　우옹이 시 짓기 좋아함이 아니로다

第九十　　　　　90

尤翁非是愛吟詩　　우옹은 시 짓기 좋아함이 아니네
詩是沉潛論語時　　시는 논어를 깊이 공부하는 때로다
大聖人言都撰序　　위대한 성인의 말씀 모두 기록하였으니
諸門人事可聞知　　여러 제자의 일도 들어 알 수 있도다
全書見得操存理　　온 글을 보고 나면 마음 간직하는 이치
　　　　　　　　　인데

鄕黨看他盡出時　　시골에서는 그를 보고 다 시대에 안 맞

　　　　　　　　　다고 하네

到老不知爲可用　　늙을 때까지 쓰이게 됨을 알지 못하니

尤翁非是愛吟詩　　우옹이 시 짓기 좋아함이 아니로다

第九十一　　　　91

尤翁非是愛吟詩　　우옹은 시 짓기 좋아함이 아니네

亞聖之書快讀時　　맹자의 글을 기분 좋게 읽는 때로다

克闡中庸天命性　　중용의 하늘이 명한 성을 잘 밝혔어도

要除宣聖汗衫衣　　공자의 속적삼 옷을 꼭 벗겨야지

倘微辭闢同驅獸　　문득 은미한 말씀을 밝힘은 짐승 쫓아냄

　　　　　　　　　같고

抵此諛滛似沸麋　　아첨하는 말 음란한 말을 닦달함은 고라

　　　　　　　　　니 끓임 같아라

看到晦翁江漢缺　　주자의 시원한 강한(글)을 보나니

尤翁非是愛吟詩　　우옹이 시 짓기 좋아함이 아니로다

第九十二　　　　92

尤翁非是愛吟詩　　우옹은 시 짓기 좋아함이 아니네

敬對中庸玩繹時　　중용을 경건히 대하고 해석하는 때로다

堯舜禹來傳仔細　　요·순·우 임금으로 전해 온 것 자세하고

羲炎軒下統依俙　　복희·신농·황제로 내려온 계통 희미하

　　　　　　　　　여라

德三道五一誠蔽　　덕은 세 가지요, 도는 다섯에 하나의 성

　　　　　　　　　으로 덮으니

怪百差千七聖迷　　괴상한 일백 가지, 어그러진 일천 가지

　　　　　　　　　에 일곱 성인 몰랐네

慮遠憂澯垂萬世　　생각이 멀고, 걱정이 깊어 만세에 드리
　　　　　　　　　　웠으니
尤翁非是愛吟詩　　우옹이 시 짓기 좋아함이 아니로다

第九十三　　　　93

尤翁非是愛吟詩　　우옹은 시 짓기 좋아함이 아니네
詩是尤翁詠史時　　시는 우옹이 역사를 노래하는 때로다
賢智用來治孰禦　　어진 지혜 등용하며, 잘 다스림 누가 막
　　　　　　　　　　으리오
紀綱壞後國難醫　　기강이 무너지면 나라 고치기 어려워라
利誰利若爲仁利　　이로움은 인정을 하는 이로움 같은 이로
　　　　　　　　　　움이 무엇이며
危莫危於肆志危　　위태로움은 제 마음대로 하는 위태함보
　　　　　　　　　　다 위태함 없네
從古訖今同一律　　예로부터 오늘에 이르기까지 한 가지 법
　　　　　　　　　　칙이니
尤翁非是愛吟詩　　우옹이 시 짓기 좋아함이 아니로다

第九十四　　　　94

尤翁非是愛吟詩　　우옹은 시 짓기 좋아함이 아니네
諸子之書不管時　　시는 여러 학자의 글을 주관하지 아니한
　　　　　　　　　　때로다
呂覽雲玄何足究　　여람이나 운현을 어찌 족히 규명하리
荀高王僭不須爲　　순경은 높은 체하고, 왕망의 참람한 짓
　　　　　　　　　　모름지기 하지 않았어도
西京空尙遷如作　　서경에서는 부질없이 사마천, 사마상여
　　　　　　　　　　의 작품만 숭상하고

唐世專宗李杜詞　　　당나라 때는 오로지 이태백, 두보의 시
　　　　　　　　　만 으뜸으로 알았네
我不鄙夷誠不暇　　　나는 오랑캐를 천하게 여기지는 않으나
　　　　　　　　　참으로 틈이 없나니
尤翁非是愛吟詩　　　우옹이 시 짓기 좋아함이 아니로다

第九十五　　　　　95

尤翁非是愛吟詩　　　우옹은 시 짓기 좋아함이 아니네
周子之書研極時　　　시는 주렴계의 글을 연구하는 때로다
性理晦來誰識者　　　성리가 희미해졌는데 누가 아는 사람인고
圖書成後大明之　　　태극도설이 이루어진 뒤에 크게 밝혀졌
　　　　　　　　　도다
悖凶修吉堪公誦　　　어그러지면 흉하고, 닦으면 길한 것 공
　　　　　　　　　이 능이 모두 외고
誠立明通豈我欺　　　정성이 확립되면 밝게 통달한다는 것 어
　　　　　　　　　찌 나를 속이리
簡潔辭中風月在　　　간결한 말 가운데 바람과 달 있나니
尤翁非是愛吟詩　　　우옹이 시 짓기 좋아함이 아니로다

第九十六　　　　　96

尤翁非是愛吟詩　　　우옹은 시 짓기 좋아함이 아니네
熟習河南二集時　　　시는 2정전서를 익숙히 읽는 때로다
久矣經書多所鑿　　　오래도록 경서가 많이도 뚫렸더니
質諸神鬼可無疑　　　귀신에게 물어보아도 의심할 바 없게 되
　　　　　　　　　었네
純公文字皆通透　　　정명도의 문자는 모두 통하여 꿰뚫었고
叔子言辭有險夷　　　정이천의 말은 어렵고 쉬움 있도다

最是功存一敬字　　가장 큰 공은 하나의 경자를 간직함이니
尤翁非是愛吟詩　　우옹이 시 짓기 좋아함이 아니로다

第九十七　　　　　97

尤翁非是愛吟詩　　우옹은 시 짓기 좋아함이 아니네
安樂詩篇擊節時　　소강절의 시에 박자 치는 때로다
默觀盈虛評造化　　말 없이 차고 기우는 것 보고, 조화를 평
　　　　　　　　　했고
贐將賢否警安危　　어질고 어질지 못한 이 보내면서 안위
　　　　　　　　　경고하였도다
風花水竹淸閒友　　바람, 꽃, 물, 대나무는 맑고 한가한 벗이요
堯舜尼輿道德師　　요, 순, 공자, 맹자는 도덕의 스승이어라
天地猶爲一小物　　하늘 땅도 오히려 하나의 작은 물건이니
尤翁非是愛吟詩　　우옹이 시 짓기 좋아함이 아니로다

第九十八　　　　　98

尤翁非是愛吟詩　　우옹은 시 짓기 좋아함이 아니네
探索正蒙理窟時　　시는 정몽의 이치 굴을 탐색하는 때로다
文與古經爲羽翼　　문장은 옛 경서와 짝이 되었고
銘爲大訓有東西　　명은 큰 가르침이니 동명, 서명 있도다
物皆至理題蕉葉　　만물은 모두 지극한 이치 있으니 파초
　　　　　　　　　잎에 글 쓰고
禮以防民懼蟻堤　　예법은 백성의 사특함 막으니 개미 둔덕
　　　　　　　　　을 두려워하네
精切於程斯實語　　정자에게서 정밀하게 다듬었다는 것 참
　　　　　　　　　말이니
尤翁非是愛吟詩　　우옹이 시 짓기 좋아함이 아니로다

第九十九　　　　　99

尤翁非是愛吟詩　　우옹은 시 짓기 좋아함이 아니네
涑水詩書把玩時　　사마광의 시와 글 잡고, 좋아하는 때로다
慰諭疲氓如病子　　피곤한 백성 위로함이 병든 사람 돌봄
　　　　　　　　　같고
變通新法若戛棋　　신법을 변통함이 바둑 다시 두는 것 같네
封章理勝宣公奏　　천자에게 봉하여 올린 글의 조리는 선공
　　　　　　　　　의 아룀보다 낫고
通鑑功爭造化兒　　자치통감을 지은 공은 조화공과 다투도다
偉麗王蘇何足用　　겉만 화려한 왕안석, 소동파를 어찌 족
　　　　　　　　　히 쓰리오
尤翁非是愛吟詩　　우옹이 시 짓기 좋아함이 아니로다

第百　　　　　　　100

尤翁非是愛吟詩　　우옹은 시 짓기 좋아함이 아니네
晦父詩書講讀時　　시는 주자의 시와 글을 강독하는 때로다
包括似涵萬象海　　모두 아울러 쌈은 마치 만상을 머금은
　　　　　　　　　바다 같고
觝排如距百川堤　　헤쳐 물리침은 일백 냇물을 막아서는 제
　　　　　　　　　방 같도다
正辭都自一心妙　　바른말은 모두 스스로 한마음의 신묘함
　　　　　　　　　이요
盛業還應千聖知　　성대한 업적은 도리어 응당 일천 성인이
　　　　　　　　　알도다
由孔子來殊未有　　공자 이후로 특별히 있지 않았으니
尤翁非是愛吟詩　　우옹이 시 짓기 좋아함이 아니로다

第百一　　　　　　　101

尤翁非是愛吟詩　　　우옹은 시 짓기 좋아함이 아니네
老去兼看小學時　　　늙어 감에 아울러 소학을 보는 때로다
縱服溫柔恭敬事　　　비록 따뜻하고 유순하게 복종함은 공경
　　　　　　　　　　의 일이지만
須分善利聖愚機　　　반드시 착함과 이익을 분별함은 성인과
　　　　　　　　　　어리석음의 기틀이어라
由玆可欲希從欲　　　이렇게 하고자 함을 말미암으면 사욕이
　　　　　　　　　　드물고
養此良知至易知　　　이 본디 지각을 기르면 쉽게 아는 데 이
　　　　　　　　　　르도다
惟聖之謨非我耄　　　오직 성인의 가르침이요, 나의 늙은이
　　　　　　　　　　말이 아니니
尤翁非是愛吟詩　　　우옹이 시 짓기 좋아함이 아니로다

第百二　　　　　　　102

尤翁非是愛吟詩　　　우옹은 시 짓기 좋아함이 아니네
大學專依章句時　　　시는 대학 장구를 오로지 의지하는 때로다
析句分章眞畫一　　　구절을 쪼개고, 장을 나눔이 참으로 하
　　　　　　　　　　나로 그었고
推心明理了無疑　　　마음에 추리하여, 이치를 밝히니 다 알
　　　　　　　　　　아 의심 없도다
初如執策參南武　　　처음에는 채찍 잡고, 남강군에 무사 될
　　　　　　　　　　듯하더니
終似摳衣侍聖尼　　　끝에는 옷깃을 올려 잡고, 공자를 모셨도다
允矣一生精力在　　　아리따운 한평생 정력이 있었나니
尤翁非是愛吟詩　　　우옹이 시 짓기 좋아함이 아니로다

第百三　　　　　　　　103

尤翁非是愛吟詩　　　우옹은 시 짓기 좋아함이 아니네
大學兼看或問時　　　시는 대학의 혹문을 보는 때로다
看得儒先多來契　　　유림의 선배를 보건대 많이 합하지 못하니
設爲問答訂其非　　　문답을 가설하여 그 잘못을 바로잡도다
旁通曲暢眞天朗　　　옆으로 통하고, 부분마다 가득하니 참으
　　　　　　　　　　　로 하늘도 맑아
暗去明來睹日暉　　　어둠 가고, 밝음 오니 눈앞에 해도 빛나네
註脚之餘又註脚　　　주각 끝에 또 주각 있나니
尤翁非是愛吟詩　　　우옹이 시 짓기 좋아함이 아니로다

第百四　　　　　　　　104

尤翁非是愛吟詩　　　우옹은 시 짓기 좋아함이 아니네
論語專治集註時　　　시는 논어 집주를 오로지 공부하는 때로다
衆理開陳皆聖意　　　뭇 이치를 말하니 모두 공자 뜻이요
諸家去取若虞機　　　제가의 버리고 취함에 마치 순임금 마음
　　　　　　　　　　　같아라
知之至處言之至　　　지식이 지극한 곳에 말도 지극하고
天可欺時此可欺　　　하늘을 속일 때에 이 세상도 속이네
経席誰陳誣悖說　　　경서를 강의하는 자리에서 누가 속이고
　　　　　　　　　　　어그러진 학설 내는가?
尤翁非是愛吟詩　　　우옹이 시 짓기 좋아함이 아니로다

第百五　　　　　　　　105

尤翁非是愛吟詩　　　우옹은 시 짓기 좋아함이 아니네
論語兼看或問時　　　시는 논어와 아울러 혹문을 보는 때로다

精義專尊純正說　　　정밀한 뜻은 오로지 명도와 이천의 학설
　　　　　　　　　　을 높였는데
門人猶許謝楊知　　　문인은 오히려 사씨와 양씨를 안다고 하네
密微論辨毫如析　　　세밀한 기미를 논변함은 터럭을 쪼개는
　　　　　　　　　　것 같고
取捨權衡鬼莫窺　　　취하고 버리는 저울대는 귀신도 보지 못
　　　　　　　　　　했네
集注異同皆有義　　　집주와 다르고, 같음 모두 뜻이 있나니
尤翁非是愛吟詩　　　우옹이 시 짓기 좋아함이 아니로다

第百六　　　　　　　　106

尤翁非是愛吟詩　　　우옹은 시 짓기 좋아함이 아니네
詳究七篇註釋時　　　맹자 7편의 주석을 자세히 연구하는 때
　　　　　　　　　　로다
本語自無容解處　　　본래 말이 스스로 해석할 곳이 없거늘
先生何復下功爲　　　선생은 어찌 다시 공들여서 착수하였는가?
後先立說雖如此　　　앞뒤에 논설함이 비록 이와 같지만
瞽瞍非臣尙不知　　　고수가 순임금 신하 아님을 아직도 알지
　　　　　　　　　　못하네
経訓愈明眞不厭　　　경전의 가르침이 더욱 밝혀진 것 참으로
　　　　　　　　　　싫지 않으니
尤翁非是愛吟詩　　　우옹이 시 짓기 좋아함이 아니로다

第百七　　　　　　　　107

尤翁非是愛吟詩　　　우옹은 시 짓기 좋아함이 아니네
兼習七篇或問時　　　시는 맹자와 혹문을 아울러 익히는 때로다
奧處豈容辭不費　　　깊은 곳에 어찌 말을 허비하지 아니함을

용납하며

脫然如上屋之危	경쾌함은 지붕의 꼭대기에 오르는 것 같도다
異同雖有程張說	다르고 같음은 비록 정자, 장자의 학설이지만
取捨渾無彼此私	취하고 버림은 혼연히 저것 이것 사심 없네
章句與之爲羽翼	장구와 더불어 짝이 되나니
尤翁非是愛吟詩	우옹이 시 짓기 좋아함이 아니로다

第百八　　　108

尤翁非是愛吟詩	우옹은 시 짓기 좋아함이 아니네
誦習中庸章句時	중용 장구를 외어 익히는 때로다
句句會通千聖妙	구절구절이 만나 통하니 일천 성인의 묘법이요
人人如得十朋龜	사람사람이 깨닫는다면 큰 보배 되리로다
精微心法都相契	정밀한 마음 간직한 법이 모두 서로 통하는데
多少跛盲自可醫	몇 사람 절뚝발이 판수가 스스로 나서려고 하였네
白首紛如當日歎	흰머리 어지러이 그 날을 탄식하노니
尤翁非是愛吟詩	우옹이 시 짓기 좋아함이 아니로다

第百九　　　109

尤翁非是愛吟詩	우옹은 시 짓기 좋아함이 아니네
反復中庸或問時	중용과 혹문을 거듭 공부하는 때로다
程氏焚之斯未信	정자가 중용 해석한 글 태웠다는 것 믿

	을 수 없고
藍田解過却多疑	남전이 해석하고 간 것 의심도 많아라
分毫析縷評諸子	터럭을 나누고, 실을 풀어 여러 학자 평하고
探賾鉤湥溯聖尼	큰 것을 더듬고, 깊은데 긁어 공자에게 찾아갔네
叟覺良工心獨苦	훌륭한 기술자는 마음이 오히려 괴로운 것을 다시 깨달으니
尤翁非是愛吟詩	우옹이 시 짓기 좋아함이 아니로다

第百十　　　　110

尤翁非是愛吟詩	우옹은 시 짓기 좋아함이 아니네
大易傳看本義時	위대한 역전과 본의를 보는 때로다
硬作玄微還淺澀	억지로 현미하게 만들면 도리어 천박하고 어려우며
直爲占筮儘平夷	곧장 점치는 글로 하면 모두 평이하도다
諸家穿鑿都歸掃	제가의 뚫어 쫀 것 모두 쓸어버리고
程傳稱停却費思	정자의 역전이 알맞게 조정하였는데도 문득 생각 허비하네
親見伏羲眞可許	복희를 친히 보아야 참으로 인정하리니
尤翁非是愛吟詩	우옹이 시 짓기 좋아함이 아니로다

第百十一　　　　111

尤翁非是愛吟詩	우옹은 시 짓기 좋아함이 아니네
詩傳沉潛不斁時	시전에 침잠해도 풀지 못하는 때로다
舊有毛韓多傳會	예로부터 모시, 한시 있어 많이 전해지고
時尊鄭衛轉離奇	때로는 정풍, 위풍 존중하여 굴러 비틀

어졌네

雅南得理寧憂固	대아, 소아, 주남, 소남 조리 얻어 어찌 근심 깊으며
商賜雖遙可與歸	자하와 자공이 비록 아득하지만 더불어 돌아갈 만하도다
复向明窓哦水井	다시 밝은 창을 향하여 깨끗한 우물물을 노래하노니
尤翁非是愛吟詩	우옹이 시 짓기 좋아함이 아니로다

第百十二　　112

尤翁非是愛吟詩	우옹은 시 짓기 좋아함이 아니네
典禮專依通解時	전례에 오로지 의지하여 풀어 나가는 때로다
弄法舞文憸者利	법을 우롱하고, 문장을 장난하니 간사하고, 아첨한 이에게 유리하고
師心悖義道之衰	마음대로 의리를 어기니 도덕이 쇠퇴하네
以經乘傳綱維整	경으로서 해석하면 줄기도 가지런하고
隨事分門吏胥知	일에 따라 분야를 나누면 서리들도 아는 것
黃氏續編功亦大	황씨의 속편이 공부 또한 크나니
尤翁非是愛吟詩	우옹이 시 짓기 좋아함이 아니로다

第百十三　　113

尤翁非是愛吟詩	우옹은 시 짓기 좋아함이 아니네
敬守寒泉四禮時	주자의 가례를 공경하여 지키는 때로다
修己齊家要不外	몸 닦고 가정 가지런히 함 요체 벗어나지 않았고
移風化俗效誰知	풍속을 교화하는 것 효과 누가 알리오

情文旣適古今變　　　인정과 문채 이미 알맞아 옛날 이제 변했고
和采九宜甘白姿　　　화기와 빛깔도 또한 적당해 달고 하얀
　　　　　　　　　　모습일세
未得再修眞不幸　　　주자가 가례를 다시 수정 못 한 것 참으
　　　　　　　　　　로 불행이니
尤翁非是愛吟詩　　　우옹이 시 짓기 좋아함이 아니로다

第百十四　　　114

尤翁非是愛吟詩　　　우옹은 시 짓기 좋아함이 아니네
詩是常看綱目時　　　시는 주자의 자치통감강목을 항상 보는
　　　　　　　　　　때로다
據了溫胡輪存罪　　　온공의 자치통감에 의거하여 조조에게
　　　　　　　　　　죄 주니
質諸神鬼夏無疑　　　귀신에게 물어보아도 다시 의심 없도다
興亡善惡褒誅筆　　　흥하고, 망하며, 선하고, 악한 이 벌주고
　　　　　　　　　　목 베는 붓이요
王伯華夷白黑棋　　　왕도와 패도, 문화와 야만이 희고 검은
　　　　　　　　　　바둑돌처럼 분명해라
可惜書成麟不至　　　아깝게도 책이 완성되었는데도 기린이
　　　　　　　　　　나오지 않으니
尤翁非是愛吟詩　　　우옹이 시 짓기 좋아함이 아니로다

第百十五　　　115

尤翁非是愛吟詩　　　우옹은 시 짓기 좋아함이 아니네
錄有淵源信及時　　　정자 어록이 연원 있음을 믿는 때로다
絶學堪嗟無有繼　　　끊어진 학문 아깝게도 이은 이가 없더니
斯文誰識在於玆　　　사문이 누가 여기에 있는 줄 알리오

抽關啓鍵開蒙夳　　　관건을 뽑아 열어 주어 어리석은 이 열
　　　　　　　　　　어 주고
明道立言接聖尼　　　도를 밝혀 학설 세우니 공자에게 붙었네
源遠末分無可奈　　　근원이 멀어져 끝이 나누임 어찌할 수
　　　　　　　　　　없나니
尤翁非是愛吟詩　　　우옹이 시 짓기 좋아함이 아니로다

第百十六　　　　　　116

尤翁非是愛吟詩　　　우옹은 시 짓기 좋아함이 아니네
看閱名臣言行時　　　송명신언행록을 보는 때로다
啓創才能華夏頼　　　재능을 계발하니 예악문화가 힘입었고
治平功業羽毛知　　　평화로이 다스린 공업 새 짐승도 알았도다
雖然體用兼全鮮　　　그래도 본체와 작용을 겸전한 이 드무니
或有初終多少疑　　　간혹 처음과 끝이 조금은 의심스러워라
間氣韓公程氏語　　　뛰어난 이는 한기와 정명도의 말이니
尤翁非是愛吟詩　　　우옹이 시 짓기 좋아함이 아니로다

第百十七　　　　　　117

尤翁非是愛吟詩　　　우옹은 시 짓기 좋아함이 아니네
看到楚辭集註時　　　초사집주를 훑어보는 때로다
人與日星光可並　　　사람이 해와 별과 빛이 같을 수가 있나니
騷將風雅義差齊　　　이소경은 시경 풍아에 비겨 뜻이 조금
　　　　　　　　　　낮아라
王洪承誤難攻守　　　크게 잘못 이어노면 다투기 어려우니
辭理歸眞得解圍　　　말의 이치 진실로 돌아가야 풀어질 수
　　　　　　　　　　있도다
千載幸逢知我者　　　천 년에 다행히 나를 아는 이 만났나니

尤翁非是愛吟詩　　　우옹이 시 짓기 좋아함이 아니로다

第百十八　　　118

尤翁非是愛吟詩　　　우옹은 시 짓기 좋아함이 아니네
何事參同考異爲　　　어쩐 일로 주자는 참동계를 고찰했나
易理包函如大海　　　주역 이치 아우르기는 큰 바다 같거늘
魏書橫出作洿池　　　위백양의 글은 아무렇게나 파서 못을 만
　　　　　　　　　　들었네
傍尋文字猶堪愛　　　마지못한 평범한 문자도 오히려 아끼어
置在門墻不必麾　　　집 안에 두었지만 가르칠 필요는 없어라
自號鄒訢眞善戲　　　스스로 호를 추소라 하니 참으로 잘 웃
　　　　　　　　　　기므로
尤翁非是愛吟詩　　　우옹이 시 짓기 좋아함이 아니로다

第百十九　　　119

尤翁非是愛吟詩　　　우옹은 시 짓기 좋아함이 아니네
詳究昌黎考異時　　　한창려집고이를 자세히 연구하는 때로다
夷教溺人如洚水　　　불교가 사람을 빠지게 함이 홍수와 같은데
韓公變俗似梁妻　　　한문공이 풍속 바꿈이 양나라의 부인 같
　　　　　　　　　　아라
從前文字多魚魯　　　종전의 문자가 대부분 불분명하였는데
自是稱停有範圍　　　이로부터 알맞게 저울질하여 범위가 있
　　　　　　　　　　었네
小物克勤賢聖事　　　문자로라도 성현사업에 아주 부지런하니
尤翁非是愛吟詩　　　우옹이 시 짓기 좋아함이 아니로다

第百二十   120

尤翁非是愛吟詩   우옹은 시 짓기 좋아함이 아니네
潊味延平問答時   이연평과 문답을 깊이 음미한 때로다
道脉流傳雖有自   도맥이 흘러 전함이 비록 자연히 있었으나
天生上智叓誰移   하늘이 상지를 내었으니 다시 누구를 만
                      들었나
而趁文席勤咨叩   서거나 앉은 자리에 달려가 부지런히 물
                      었고
況赴經筵聽発揮   강의하는 데 쫓아가 듣고 발휘하였네
收拾編摩潊意在   글과 가르침 수습함에 깊은 뜻이 있나니
尤翁非是愛吟詩   우옹이 시 짓기 좋아함이 아니로다

第百二十一   121

尤翁非是愛吟詩   우옹은 시 짓기 좋아함이 아니네
早夜文公全集時   주자의 전집을 종일 보는 때로다
忻會意時還會理   기쁘게 생각에 맞을 때 도리어 이치에
                      맞나니
欲開編處已開眉   책을 펴고 싶은 곳에 이미 눈도 뜨이네
吾生縱是朝昏事   나의 생활 자연히 아침저녁의 일이니
此樂何能困厄移   이 즐거움 어찌 능히 곤궁과 재앙이 바
                      꾸리오
大樹蚍蜉時一笑   큰 나무를 왕개미도 때로 한 번 비웃나니
尤翁非是愛吟詩   우옹이 시 짓기 좋아함이 아니로다

第百二十二   122

尤翁非是愛吟詩   우옹은 시 짓기 좋아함이 아니네

探索朱門語類時　　주자의 어류를 깊이 탐색하는 때로다
細密都如鄕黨體　　세밀함은 모두 시골말투 같고
聲容怳按考亭時　　음성과 모습은 황홀하게 고정에서 보인
때 같네
一言一辭一書盡　　한 마디 말, 한 마디 구절을 하나의 책이
다하니
萬里萬事萬世知　　만 가지 이치, 만 가지 일 만세에 알리로다
紀錄易差猶可擇　　기록이란 쉽게 어긋나니 오히려 선택하
므로
尤翁非是愛吟詩　　우옹이 시 짓기 좋아함이 아니로다

第百二十三　　123

尤翁非是愛吟詩　　우옹은 시 짓기 좋아함이 아니네
惟紫陽書篤好時　　오직 주자의 글을 독실하게 좋아하는 때
로다
一此猶憂無暇給　　여기에만 한결같이 해도 오히려 근심이
라, 여가가 없으니
他餘敢謂彼何誰　　그 나머지를 감히 그게 무어라고 하리오
熏帷自笑卷空破　　훈훈한 장막에 스스로 책 읽을 것 없음
을 웃노니
買櫝安能珠不歸　　상자는 사 놓았는데 어찌 구슬이 돌아오
지 않는고
後世子雲無有爾　　후세에 양자운이 있지 않으므로
尤翁非是愛吟詩　　우옹이 시 짓기 좋아함이 아니로다

第百二十四　　124

尤翁非是愛吟詩　　우옹은 시 짓기 좋아함이 아니네

詩是尤翁漫興時	시는 우옹이 저절로 흥취 나는 때로다
殷末三仁惟自靖	은나라 말년에 세 어진 이는 오직 스스
	로 편안하였나니
茨前七聖未嘗迷	이엉 앞에 일곱 성왕 아직 잊히지 않았
	도다
丈夫在昔張儀大	장부로는 옛날에 장의가 위대하고
男子於唐王適奇	남자로는 당나라에 왕적이 기특하도다
已往人事渾不管	이미 지난 사람의 일 모두 상관 아니하
	나니
尤翁非是愛吟詩	우옹이 시 짓기 좋아함이 아니로다

第百二十五	125

尤翁非是愛吟詩	우옹은 시 짓기 좋아함이 아니네
詩是閒看草木時	시는 풀 나무를 한가히 보는 때로다
松栢幸蒙玄聖賞	소나무와 잣나무는 다행히 공자의 칭찬
	받았고
芝蘭空入楚臣辭	지초와 난초는 부질없이 굴원의 이소경
	에 들었네
春妍辣桂無心意	봄에 아리따운 매서운 계수나무는 마음
	생각 없고
風危脩篁受指揮	바람에 쓰러질 듯 긴 대나무는 지휘를
	받도다
物性不同如是矣	물성이 같지 아니함이 이와 같나니
尤翁非是愛吟詩	우옹이 시 짓기 좋아함이 아니로다

第百二十六	126

尤翁非是愛吟詩	우옹은 시 짓기 좋아함이 아니네

默察昆虫多少時　시는 말없이 곤충을 관찰하는 때로다
孰捨陰陽能有物　무엇인들 음양을 버리고 만물이 될 수
　　　　　　　　　있으리오
均含情性莫云微　다 같이 감정 성품 있나니 미물이라 말
　　　　　　　　　마소
時鳴時躍天機動　때로 울고, 때로 뜀은 하늘 기틀이 움직
　　　　　　　　　임이요
或啓或坯歲候知　혹 나오고, 혹 들어감은 시절을 앎이로다
咸若之時皆不殰　모두 화순할 때에 다 같이 낙태하지 않
　　　　　　　　　으니
尤翁非是愛吟詩　우옹이 시 짓기 좋아함이 아니로다

第百二十七　　　127

尤翁非是愛吟詩　우옹은 시 짓기 좋아함이 아니네
詩是播穋五穀時　시는 5곡을 씨뿌리고, 김매는 때로다
肇厥生民歆帝武　비로서 그 인민이 하느님께 제사지내니
降玆嘉種寔玄機　이 아름다운 씨앗을 내림은 깊은 이치로세
羲經無妄畬三歲　주역의 무망괘에 성실하면 기름진 밭 되고
漢史施仁頌兩歧　한나라 역사에 인을 베풀면 양쪽에서 칭
　　　　　　　　　송하도다
瓦釜泉甘爲粥飯　질그릇솥에 물부어 죽과 밥을 만드니
尤翁非是愛吟詩　우옹이 시 짓기 좋아함이 아니로다

第百二十八　　　128

尤翁非是愛吟詩　우옹은 시 짓기 좋아함이 아니네
詩是流觀毛羽時　시는 새, 짐승을 흘러 보는 때로다
毒之亭之皆性得　나고, 기름이 모두 성품 얻었나니

飛者走者以群追　　　나는 놈, 뛰는 놈 떼 지어 따르고
雖無禮法威儀在　　　비록 예법이야 없지만 위의가 있나니
還有君臣父子知　　　도리어 임금 신하 있고, 애비와 자식도
　　　　　　　　　　아네
鳳鳥騶虞周盛德　　　봉새와 추우는 주나라의 성덕이니
尤翁非是愛吟詩　　　우옹이 시 짓기 좋아함이 아니로다

第百二十九　　　129

尤翁非是愛吟詩　　　우옹은 시 짓기 좋아함이 아니네
詩是尤翁大觀時　　　시는 우옹이 크게 보이는 때로다
地在天中爲一物　　　땅은 하늘 속에 있어 한 물건 되었고
天於道裏却些兒　　　하늘은 도 속에서 문득 작은 것이어라
古今運世忙如鳥　　　고금의 돌아가는 세상 바쁘기가 새와 같고
表裏山河細似眉　　　안과 밖의 산과 물은 작기가 눈썹 같네
許大心胸男子在　　　마음과 가슴 크게 허락하는 남자가 있나니
尤翁非是愛吟詩　　　우옹이 시 짓기 좋아함이 아니로다

第百三十　　　130

尤翁非是愛吟詩　　　우옹은 시 짓기 좋아함이 아니네
詩是尤翁語大時　　　시는 우옹이 큰 것을 말하는 때로다
太極之名終始强　　　태극이란 이름은 모두가 억지이거니
聖人於此不能知　　　성인도 여기에는 알 수가 없어라
環區至大猶難載　　　지구가 아무리 커도 오히려 싣지 못하고
泰嶽雖高便覺低　　　태산이 아무리 높아도 문득 낮은 줄 알
　　　　　　　　　　지라
十二會來曾一瞬　　　129,600년도 일찍이 눈 한 번 깜짝할 사
　　　　　　　　　　이이니

尤翁非是愛吟詩　　　우옹이 시 짓기 좋아함이 아니로다

第百三十一　　　131

尤翁非是愛吟詩　　　우옹은 시 짓기 좋아함이 아니네
詩是尤翁語小時　　　시는 우옹이 작은 것을 말하는 때로다
言過高時心已放　　　말이 지나치게 높을 때 마음 이미 흩어
　　　　　　　　　　지고
行矜細後大無墮　　　행실이 가늘게 다듬어진 뒤에 크게 무너
　　　　　　　　　　짐이 없도다
須知動息天皆體　　　모름지기 움직이고 쉬는 것을 하늘이 모
　　　　　　　　　　두 체찰함을 알고
莫謂纖微鬼不非　　　섬세하고 은미한 것은 귀신이 용서해 준
　　　　　　　　　　다고 말 마소
三百三千還峻極　　　300조의 의례와 3,000항의 곡례가 도리
　　　　　　　　　　어 높은 극치이니
尤翁非是愛吟詩　　　우옹이 시 짓기 좋아함이 아니로다

第百三十二　　　132

尤翁非是愛吟詩　　　우옹은 시 짓기 좋아함이 아니네
詩是尤翁謹獨時　　　시는 우옹이 홀로를 삼가는 때로다
不必衆中求寡過　　　여러 가지 가운데서 허물 적은 것을 찾
　　　　　　　　　　을 필요 없고
須於危處摘微疵　　　모름지기 인욕에서 조그만 흠도 없애야지
人功密切私旋盡　　　사람의 공부가 세밀하고, 절실하면 사욕
　　　　　　　　　　없어지나니
天理流行物莫遺　　　천리의 본성이 흘러나와 사물에 남김 없
　　　　　　　　　　으리

逝者如斯還要此　　　　가는 것은 이와 같으나 도리어 이것이
　　　　　　　　　　　　요체니
尤翁非是愛吟詩　　　　우옹이 시 짓기 좋아함이 아니로다

第百三十三　　　　　　133

尤翁非是愛吟詩　　　　우옹은 시 짓기 좋아함이 아니네
詩是尤翁戒懼時　　　　시는 우옹이 조심하고, 두려워 공부하는
　　　　　　　　　　　　때로다
幾善惡時雖用力　　　　착하고 악함 갈라질 때 비록 힘을 쓸지나
到涵養處更何爲　　　　함양하는 곳에 이르면 다시 무얼 하리오
虛明莫遣波瀾起　　　　허령한 밝음에 하여금 파란을 일게 하지
　　　　　　　　　　　　마소
靜密何曾神鬼知　　　　은밀한 데서 고요하면 어찌 귀신이 알리
天理常存存久妙　　　　천리의 본성을 항상 간직하여 오래 간직
　　　　　　　　　　　　할수록 신묘하니
尤翁非是愛吟詩　　　　우옹이 시 짓기 좋아함이 아니로다

第百三十四　　　　　　134

尤翁非是愛吟詩　　　　우옹은 시 짓기 좋아함이 아니네
到一原頭不語時　　　　한 근원 머리에 이르러 말하지 아니한
　　　　　　　　　　　　때로다
箇裏鳶魚雖活潑　　　　그 속에서 솔개, 고기 비록 활발하지만
初無聲臭况光輝　　　　처음부터 소리도, 냄새도 없었으니 하물
　　　　　　　　　　　　며 찬란한 빛 있으리
固知極致終難狀　　　　참으로 극치를 알아도 마침내 그려 내기
　　　　　　　　　　　　어려우니
要識須臾不可離　　　　요체는 잠깐 동안에도 떠날 수 없음 알

多一惟司還是妄　　많은 데서 하나만을 오직 주장하면 도리어 망령되나니

尤翁非是愛吟詩　　우옹이 시 짓기 좋아함이 아니로다

次晦孫韻　　차회손운

九月高風木葉飛　　9월 높은 바람 나뭇잎도 나는데

僮奚籬底泣牛衣　　아이들은 어찌 울타리 밑에서 우는 소를 옷 입힌고

蒼穹有意扶今世　　푸른 하늘은 생각 있어 지금 세상을 붙잡는데

白首無由悟昨非　　늙은 머리는 말미암음 없이 어제 잘못 깨닫도다

不恨平生災咎積　　평생에 재앙과 허물 쌓인 것을 한탄하지 않으나

還嗟末路聖賢稀　　도리어 말세에 성현 드문 것 탄식하네

荒茫海外重陽近　　아득한 바다 밖에 중양절이 가까워 오니

誰把淸尊對晩暉　　누구와 맑은 술잔 잡고, 늦가을 경치 대하리오

次山陰知縣任大仲寄來韻　　차산음지현임대중기래운

此道人人不宜行　　이 도를 사람마다 행하려고 하지 않으니

何年能見紫泉淸　　어느 해나 자양에 샘물 맑아지는 것 보는지

山河表裏腥膻積　　산과 강의 안팎에 청나라 오랑캐 쌓였는데

天地中間怪鬼盈　　하늘땅의 중간에는 괴상한 귀신 가득하네
昔有孟軻知蔽陷　　옛날에 맹자 있어 가리고 빠짐 알았거늘
自從嘉靖誦陽明　　명나라 가정연간으로부터 왕양명 글만
　　　　　　　　　외우네
多君欲習文公學　　여러분은 주자학을 익히고자 하노니
箇裏須知集大成　　그 속에 반드시 모아서 크게 이룸 알아
　　　　　　　　　야지

其二　　　　　　　2

莫說頭流在眼中　　두류산이 눈 속에 있다고 말하지 마라
去年何故負秋風　　지난해는 어찌하여 가을바람 저버렸나
非緣旟隼眞難謝　　새매깃발을 인연하지 아니하면 참으로
　　　　　　　　　감사하기 어려우니
自是根塵未易空　　이로부터 6근 6진이 쉽게 비우지 못했노라
南郡歡謠歌召父　　남군에 기쁜 노래는 소보를 노래하고
匡廬淸賞愧閩翁　　노산의 맑은 구경은 주자에게 부끄럽네
聞今老幼方塡壑　　들건대 이제 늙은이, 어린이 바야흐로
　　　　　　　　　골짝을 메운다니
爭奈蒸霞萬樹紅　　다투어 저 안개노을에 일만 나무 붉도다

夜坐淸心樓瞻望寧陵　야좌청심루첨망영릉
感賦二首　　　　　감부2수

吾君德義孰能追　　우리 임금 효종대왕의 덕과 의기 그 누
　　　　　　　　　가 따를까
江閣寒宵晤語時　　강가의 집, 찬 밤에 마주 이야기하는 때

로다

白首舊臣惟我在	흰머리 된 옛 신하는 오직 내가 남았으니
蒼梧古木爲誰悲	창오에 늙은 나무 누구를 위하여 슬퍼하나
天心仁愛災妖薦	하느님이 어질고 사랑스런 이에게 재앙 요얼 주었으니
故老憂傷血淚滋	옛 늙은이 근심에 상해 피눈물이 줄줄
坐久月沈陵栢暗	앉아 있은 지 오래 되어 달 넘어가고, 능 잣나무 어두워지네
不知何處跪陳辭	어느 곳에 무릎 꿇고 말씀드릴지 몰라라

其二　　　　　　2

聖祖遺恩血泣追	성조의 끼친 은혜 피눈물로 추모하니
存亡危急此何時	남느냐, 없어지느냐 위태하고 급한 이 어느 때인가
當年薊北金戈計	그해 북경으로 청나라 쳐들어갈 계획 하였더니
此日陵前石獸悲	오늘은 능 앞에 돌짐승이 슬퍼라
天下腥羶誰掃盪	천하에 청나라 오랑캐 그 누가 쓸어버릴꼬
鏡中容髮落華滋	거울 속에 머리모습 떨어진 흰머리도 많아라
還思虎息從秦穆	도리어 호식이 진나라 목공 따라간 것 생각하고
更誦閩翁感事辭	다시 주자의 일을 감개하는 글을 외우도다

上辭本後口占壬戌　　상사본후구점임술

| 承旨纔歸又復來 | 승지가 금방 갔다 또다시 오니 |

誤恩如許定成災　　　잘못 은혜를 허락하면 분명코 재앙 되리라
二三百里路難矣　　　이삼백 리의 길은 어려운데
七十六齡人往哉　　　일흔여섯 살의 사람이 갈 수 있으리오
景運幸逢千一會　　　큰 운을 다행히 만나 천재일우의 기회나
賤臣元少分毫才　　　천한 신하는 원래 한 푼 터럭 같은 재주
　　　　　　　　　　도 적도다

猥陳死病其亡狀　　　외람되게 죽을병을 말하여 기구망상이나
只懼天高聽未回　　　오로지 하늘 높아 듣고, 돌리지 않을까
　　　　　　　　　　두렵도다

和趙承宣巍望韻奉呈　　　화조승선외망운봉정

朴進士二難淸案己未　　　박진사2난청안기미

露梁諸墓並無孫　　　노량진 사6신 묘는 모두 후손이 없는데
謹甫先生外裔蕃　　　성삼문 선생의 외손은 번창하였네
鶴里独膺君子澤　　　학마을에 홀로 군자 은택 간직하였고
荊花雙受聖朝恩　　　어사화를 쌍으로 받음은 성조의 은택이
　　　　　　　　　　어라
多慚老筆題華扁　　　늙은이 붓으로 아름다운 편액 글 씀이
　　　　　　　　　　부끄러우나
別有佳篇侈慶尊　　　달리 좋은 글 있으니 경사로운 술잔도
　　　　　　　　　　아름다워
更向聯芳二妙道　　　잇달아 아리따운 두 사람의 젊은이를 향
　　　　　　　　　　하여 말하노니
好乘餘派泝眞源　　　남은 물결을 잘 타고 참근원에 거슬러
　　　　　　　　　　올라가야지

次子三李墊韻　　차자삼이무운

終南不及此憂端　　종남산이 이 걱정 끝에 미치지 못하니
孰是莘伊孰是顔　　누가 이윤이며 누가 안연인가
日月常明弘濟洞　　해와 달은 항상 홍제동에서 밝고
淵源誰溯武夷山　　마음은 누가 무이산으로 찾아가리
愚庸最出冠紳下　　어리석음은 가장 벼슬자리에서 나오고
禮待慙非季孟間　　예우는 노나라 계씨와 맹씨처럼 아니함이 부끄러워라

況也昌辰多謗議　　하물며 나타날 때 비방소리 많으니
令人長憶野寬間　　사람으로 하여금 기리 시골을 생각하게 하네

李君晦遇輝溪堂　　이군회우휘계당

江外山川面勢成　　강 밖에 산과 시내 앞 모양이 이루어지니
常思峒隱李先生　　항상 굴속에 숨은 이 선생을 생각하노라
枝宗占作安身所　　큰집과 작은집이 차지하여 몸 편안히 할 곳 만드니

溪水來供徹底淸　　시냇물이 흘러와 철저히 맑음 드리도다
物理人情今昔異　　물리와 인정은 이제 옛이 달라도
野雲林靄暮朝呈　　들구름, 숲노을이 아침저녁 바치고
遺風賸馥今猶在　　유풍의 남은 향기 지금 아직 남았으니
莫向名途勢利爭　　이름 있는 길에 세리를 다투지 말라

送疇孫赴朝　　　　　송주손부조

送爾趨朝多念慮　　너를 조정으로 달려 보내니 염려가 많은데
方今論議正紛紛　　방금 의논도 바로 어지럽도다
進難退易閩翁道　　나아감을 어렵게, 물러옴은 쉽게 함은
　　　　　　　　　　주자의 도요
利逐名爭茂叔云　　이익을 좇고, 이름을 다툼은 주렴계가
　　　　　　　　　　금했도다
無事莫耽墟上酒　　일 없이 술청 위에 술을 즐기지 말고
暇時須檢閣中芸　　한가한 때 반드시 마음 김매는 것 단속
　　　　　　　　　　하라
從知仕學能相長　　벼슬과 학문은 서로 자라게 할 수 있음
　　　　　　　　　　을 알지만
休把閒言用志分　　한가한 말 잡고, 뜻 씀을 나누지 말라

次古韻示谷雲黃江　　차고운시운곡황강

權尙夏求和　　　　　권상하구화

歎息哀公十四春　　노나라 애공 14년 봄을 탄식하니
遑遑尼父泣麟身　　허둥지둥 공자는 기린 몸 보고 울었네
誰能成得放滛事　　누가 능히 음란한 일 물리침을 얻어 이
　　　　　　　　　　룰까
堪怕還爲修隙人　　도리어 틈내는 사람 되는 두려움을 견디
　　　　　　　　　　어 내도다
驪水蒼茫源派活　　여주의 물은 푸르고 질펀하게 근원 물결
　　　　　　　　　　도 활발한데
石潭寥落幷塗堙　　석담의 율곡학풍은 쓸쓸히 또한 길도 막

혔도다

| 祇今世道荊榛久 | 지금 세상의 도가 가시밭 우거진 지 오래니 |
| 佇待千秋知罪均 | 물끄러미 천추의 후세를 기다림은 죄가 같은 줄 알아지 |

次贈某人壬辰　　　차증모인임진

山中忽相逢	산속에서 갑자기 서로 만나 보니
蕙佩凉風起	난초를 허리에 찬 서늘한 바람 일어나네
臨別寂無言	헤어질 때 고요히 말은 없으나
殷勤歲寒事	시절이 추워질 때 소나무가 푸른 일에 정중하여라

松崖金慶春葬後歸路作　　　송애김경춘장후귀로작

日落西江上	해 떨어지는 서쪽 강 위에
山陽笛裏秋	산 남쪽의 피리 속에 가을이어라
孤墳看漸遠	외로운 무덤 보임이 점점 멀어지니
不忍放歸舟	차마 돌아가는 배를 띄울 수 없어라

次舟村詠風韻　　　차주촌영풍운

遙知二三子	아득히 아는 이는 두서너 제자인데
讀書坐溪濱	글을 읽고 시냇가에 앉았도다
時栽石鏬樹	때로 돌 틈에 나무를 기르노니

生意暗中新　　　　살려는 뜻은 어둠 속에서 새로워지네

次李進士汝謙必益韻　　차이진사여겸필익운

嶺外三春好　　　　산 너머 세 달의 봄빛이 좋으니
渾忘去國愁　　　　나라 떠난 근심 모두 잊었도다
坐思今古事　　　　앉아서 이제 옛날 일 생각노니
更覺此生浮　　　　문득 이 생명이 부평초 같음을 깨닫도다

次風月亭韻　　차풍월정운

風淸月亦淸　　　　바람이 맑으니 달도 또한 맑은데
月白風不白　　　　달은 희지만 바람은 희지 않네
二者同不同　　　　이 두 가지가 같은지 같지 않은지
請問亭裏客　　　　청컨대 정자 속의 손에게 묻노라

次閒靜堂韻　　차한정당운

坐見白雲閒　　　　앉아서 흰 구름의 한가로움 보고
俯看淸波靜　　　　굽어 푸른 물결의 고요함 보도다
名堂又求詩　　　　집에 이름 지어 주니 또 시를 요구해
主翁無閒靜　　　　주인 노인은 한가함과 고요함이 없도다

申伯固永植送梅一樹　　신백고영식송매1수
詩以謝之　　시이사지

壽樂堂前樹　　수락당 앞에 나무
移來白石灘　　하얀 돌 여울로 옮겨 왔네
山中冰雪早　　산속에 얼음과 눈 일찍 오니
淸影不勝寒　　맑은 자태 추위 이기지 못해라

德源謫舍感吟　　덕원적사감음

蔀屋深長坐　　오막살이집에 깊숙이 오래 앉았으니
今春未見花　　올봄에는 꽃을 보지 못했도다
空聞鵑夜哭　　부질없이 두견새 밤에 우는 소리 듣거니
不得夢還家　　꿈속에서도 고향집에 돌아갈 수 없도다

巴谷　　파곡

水作靑龍去　　물은 청룡을 만들어 놓고 가고
人從翠壁行　　사람은 푸른 벽을 따라가도다
武夷千載事　　무이의 1,000년 사업이
今日此分明　　오늘에야 분명하도다

仙游洞　　선유동

巴谷勝於此　　파곡이 여기보다 아름답다는데

此評恐未公　　　이 평이 공변되지 못할까 두려워라
幽深兼洒落　　　그윽이 깊고 아울러 시원하니
還憶石塘翁　　　도리어 주렴계를 생각하도다

謝東權思誠誾　　　사간권사성시

常思豈弟人　　　항상 화락하고 단정한 사람을 생각노니
順時受五福　　　때에 순응하여 5복을 받았네
欲往從之遊　　　가서 따라 놀고 싶지만
路遠不可得　　　길이 멀어 할 수 없어라
只抱離索憂　　　오직 근심을 만나 안고 있는데
誰我扳且誘　　　누가 나를 붙잡아 이끌어 주리오
長居物欲場　　　길이 물욕의 마당에 사노니
愧我高明友　　　고명한 벗이 나를 부끄러워하도다
忽逢白眉來　　　홀연히 우뚝한 사람이 옴을 만나
喜失飢餓迫　　　기쁘게 굶주림의 절박함을 잃었고
又奉有韻書　　　또다시 받드는 시 글이 있으니
昏塞爲間隙　　　어둡고 막힌데 틈이 열렸도다
忠信篤敬訓　　　진실하며 돈독하고 경건한 가르침
豈不存諸思　　　어찌 생각 속에 간직하지 않으리오
奈此褊駁性　　　이 편벽되고 조잡한 성질 어찌하며
又多怒與喜　　　또한 많이 성내고 기뻐하도다
操心頃刻間　　　마음을 경각 사이에 잡지만
忽然隨手散　　　갑자기 손 따라서 흩어지고
歲月倏已晚　　　세월은 어느듯 이미 늦어 버려
徒切窮廬歎　　　부질없이 가난한 살림 탄식만 간절해라
吁嗟命道窮　　　아! 운명의 길이 궁박한데
復遭此亂時　　　다시 이 어지러운 때 만나서

山林亦非靜　　　　산골 숲 속에도 또한 고요하지 않으니
遑遑何所之　　　　허둥지둥 어디로 가리오
欲效屈原遊　　　　굴원의 노는 것을 본받고자 하지만
懷土去未能　　　　그곳을 사모하여도 갈 수가 없고
欲從魯齋仕　　　　노재의 벼슬함을 따르고자 하지만
無才任難勝　　　　재주 없어 책임 다하기 어려워라
司馬恃學力　　　　사마는 학력을 믿어
不要盜鄕違　　　　도신이나 향원과 떨어질 필요 없나니
願奉吾老兄　　　　원컨대 우리 늙은 형 받들어
此人與同歸　　　　이 사람과 함께 돌아가리로다
自餘心中事　　　　스스로 남은 마음속에 일
留以待後會　　　　머물러 두고 뒤에 만날 때 기다리노니
孟夏月將晦　　　　초여름 달이 장차 희미한데
江上東向拜　　　　강 위에서 동쪽 향하여 절하도다

次和朴和叔世采寄示韻　　　　차화박화숙세채기시운

洛山有枯松　　　　낙산에 마른 소나무 있고
坡山有幽草　　　　파산에 그윽한 난초 있다네
不得好托根　　　　뿌리를 잘 붙이지 못하면서도
千載永相好　　　　1,000년에 길이 서로 좋아하네
徘徊歲云暮　　　　이리저리 다니다가 세월만 저물고
空令鶙鳩早　　　　부질없이 악결새로 하여금 일찍 울게 하
　　　　　　　　　였네
枯不願春華　　　　말랐어도 봄꽃을 바라지는 않고
幽不願周道　　　　그윽해도 두루 통함을 바라지도 않으니
沈吟騁孤睡　　　　생각에 잠기다 마음대로 혼자 잠자고
澗古蒼苔老　　　　산골짝물에 옛 푸른 이끼처럼 늙도다

其二　　　　　　　2

離騷稱物芳	이소경에서 난초를 아리따이 칭찬하지만
終亦恥蘭草	마침내 또한 난초를 부끄러워하도다
始也耀猗猗	처음에는 광채가 야들야들하더니
今無馨德好	이제는 향기의 좋음도 없어라
物性有如此	물성은 이와 같음이 있나니
人亦異晚早	사람도 또한 어릴 때와 늙은 때가 다르도다
可惜潁陰人	안타깝게도 영수의 남쪽에 사람이
終愧伊川道	마침내 이천의 도에 부끄러워하였나니
紛紛古今事	어지러운 고금의 일을
請質滄洲老	청컨대 창주의 늙은이에게 물어볼까

和金仲和昌協韻　　　화김중화창협운

蚊蚋百千鬧	모기 백천 마리 시끄럽게 떠드는데
我有口何言	내가 입이 있은들 무슨 말을 하리오
向來新貴人	지난번에 새로이 귀하게 된 사람들
氣勢正桓桓	기세도 굳세고 강성하구나
爭誦康衢謠	다투어 태평가를 불러 대면서
不知竈突然	부엌에 불난 줄 알지 못하네
無鬚兒衆多	턱수염 없는 아이들 많기도 하여
其禍日稽天	그 재앙이 날로 하늘을 찌르도다
嘿嘿念憂端	묵묵히 걱정거리 생각하노니
可齊終南顚	종남산 꼭대기처럼 근심 쌓이네
惟彼紙鼻公	오직 저 코앞에 일만 처리하는 관리들
祖磁在其前	근본 지침은 그 눈앞에만 있도다

釀成乙巳禍　　을사사화를 꾸며 일으켰던
遺敎未能諼　　남긴 교훈 잊을 수가 없나니
試睠狗之門　　시험 삼아 개구멍을 돌아다보소
鞍馬如浮雲　　말에 안장 얹은 뜬구름 같았다네
盜襲士華謀　　선비의 화려함 도적질하여 빼앗을 계획을
人皆見肺肝　　사람은 모두 폐와 간을 들여다보는데
利牙刀鉅陳　　날카로운 이빨, 칼, 톱 펼치고
猞然怖殺人　　개 짖는 모양으로 두렵게 사람 죽이도다
一飯與睚眦　　밥 한 그릇 먹는 사이에도 눈 흘겨보면서
汲汲要及時　　목 타게 때 오기만 노리고 있으니
忠賢白日臥　　충직하고 어진 이 대낮에 누워서
涕淚流無辭　　눈물만 줄줄 흘리며 말이 없도다
赤鳥困橫逆　　임금의 신발이 횡역에 곤란을 받으니
欲去還遲遲　　떠나고자 해도 도리어 조국의 일을 어찌
　　　　　　　못 본 체하리오
未見白駒維　　흰 말의 고삐를 보지 못하고
空聞胡馬嘶　　부질없이 청나라 되말만 울부짖도다
九關虎豹守　　온 관문에 호랑이와 표범이 지키나니
無路聖明知　　임금에게 알릴 길도 없어라
歲轉忻誣朱　　시대는 또다시 한탁주의 주화파가 주자
　　　　　　　의 척화파를 무고하듯이
勢成嬴喝梁　　주화파가 권세를 이루어 가득히 성내어
　　　　　　　날뛰도다
民生有何辜　　백성이 사는 것이 무슨 죄가 있으리오만
天意不可詳　　하늘의 뜻을 살필 수가 없노니
何故生此輩　　어찌하여 이런 무리를 내어서
項與背相望　　목덜미와 등을 서로 바라보게 하였는고
花甀細氈間　　꽃기와 집과 가는 담방석 사이에
簇立如堵墻　　떼 지어 서는 것이 울타리 담장 같노니

願天誘其衷　　　　　원컨대 하늘이여 그들의 마음을 돌리어
保我東魯疆　　　　　우리 동방예의의 강토를 보전하게 하소서

步金生斡所次鐵嶺作　　보김생간소차철령작

早守遯翁說　　　　　일찍이 사계 선생의 학설 지키어
肝石而心鐵　　　　　간은 돌이요, 마음은 쇠
分明簡編裏　　　　　책 속에 분명하거니
一一如掌血　　　　　하나하나가 손바닥에 핏줄 같네
詖淫起處起　　　　　아첨하고, 음란한 말 일어난 곳에서 일
　　　　　　　　　　　어나니
世道多崩缺　　　　　세상의 도덕 대부분 무너지고 빠졌도다
雖然千載心　　　　　아무리 그래도 1,000년의 마음이야
寒水照秋月　　　　　시원한 물에 가을 달 비추는 것을

其二　　　　　　　2

我友淸風子　　　　　나의 벗은 청풍 사람
學賤功利鐵　　　　　학문이 공리를 천하게 여김이 철석같아
方在小壯年　　　　　바야흐로 젊은 나이지만
不使於血氣　　　　　핏대와 기분에 놀아나지 않도다
金玉聲且振　　　　　쇳소리 울리고, 또 옥소리 떨치어
德全期無缺　　　　　덕을 온전히 하여 빠짐없기 기약하였네
思之不可見　　　　　사모하여도 볼 수가 없어
淸宵共明月　　　　　맑은 밤에 밝은 달과 함께하도다

其三   3

十暈最怕怕   열 겹 햇무리가 가장 두렵고 두려운데
涿鹿戰額鐵   탁록산의 두려워하는 이마에 철퇴는 어
                     디 가고
太陽剌見夷   태양이 찔리어 상처를 당하니
野塗玄黃血   시골길에도 검고 누른 피뿐이로다
我願聖上德   나는 원하노니 임금님의 덕이
咸以正罔缺   모두 바르게 되어 빠짐없기를
妖祲與大霧   요귀는 큰 안개와 더불어 성하여도
不敢欺日月   해와 달이야 감히 속이지는 못하리라

次尹拯靈芝三章韻   차윤증영지3장운

念昔挾書初   지난날 처음 책 끼고 다닌 시절 생각하니
賢聖以爲期   성현이 되기를 기약하였었네
及此荒耄日   이제는 허황하게 늙어 버린 날
悔失少壯時   젊은 시절 잃어버린 것 뉘우치도다
伏玆待刑地   이곳 형벌을 기다리는 땅에 엎드리고 있
                     으며
純愚猶自持   순수하고 우직함 아직 스스로 간직하노니
渾然固難望   완전한 성인이야 참으로 바라기 어려우나
壁立慕曾思   바위벽처럼 서 있음이야 증자와 자사를
                     사모하도다.

其二   2

鄒書聖徒云   맹자는 공자 학도의 말인데

盖與衆人期　　　　대개 대중사람이 되기를 기약하도다
亂賊卽當討　　　　어지러운 도적은 곧 마땅히 징토하는 것
奚須司寇時　　　　어찌 반드시 재판관 될 때만 기다리리오
大哉闔夫子　　　　위대한 주자는
此議尤堅持　　　　이 의논을 더욱 굳게 잡았으니
君勿占便宜　　　　그대는 편의함만 점치지 말고
孟朱要當思　　　　맹자와 주자를 마땅히 생각하기 바라노라

其三　　　　3

始與帶方人　　　　처음으로 대방(남원)사람과 더불어서
古道與相期　　　　옛 도를 서로 함께 기약하였는데
豈料梟獍心　　　　어찌 흉악한 새 짐승 마음이
已在勝冠時　　　　이미 젊은 시절부터 있었는 줄 짐작하였
　　　　　　　　　으리
昏迷固吾罪　　　　어둡고 미혹한 것 참으로 나의 죄이나
世道誰復持　　　　세상의 도덕 그 누가 다시 붙잡으리
恨我二三子　　　　한탄하오니 나의 두서너 제자들은
嬴孚皆莫思　　　　남은 신의 모두 생각지 말라

次谷雲金延之壽增　　차곡운김연지수증
所用晦翁臥龍菴韻　　소용회옹와룡암운

武侯在南陽　　　　제갈 무후가 남양 땅에 있을 제
所事惟耕鑿　　　　하는 일은 오직 밭 갈고, 우물 팠도다
懇懇魚水契　　　　돈독하게 한소열 황제와 물과 고기처럼
　　　　　　　　　합치었더니

遽見將星落　　문득 장군별이 떨어짐을 보았도다
廬山有奇勝　　여산에 기묘한 경치 있거늘
晦父尋幽壑　　주자가 그윽한 골짜기 찾아가서
循名架小菴　　이름 따라 작은 사당 얽었으니
渺茫已非昨　　아득하여서 이미 어제 일이 아니었도다
我友陳編上　　나의 벗은 경서 위에 있나니
朗吟當年作　　낭랑하게 읽노니 그때의 글이 로세
徘徊撫遺事　　이리저리 돌면서 남겨 준 일 어루만지고
謂言海可酌　　일컬어 준 말씀 바다를 잔질하도다
況玆羯奴時　　하물며 이 강폭하고 잔학한 청나라 오랑
　　　　　　　캐들이 날뛰는 때
我生非所樂　　나의 삶이 즐거운 것 없으나
淸高揭新居　　맑고 높이 새로 살 집 세우니
意氣橫沙漠　　생각과 기개 모래사막을 가로지르네

次朴和叔所寄十二篇　　차박화숙소기12편

玄渾與黃矩　　새까만 하늘과 노란 땅
外內自相依　　안팎으로 서로 의지하였네
陰陽相往來　　음과 양이 바뀌어 서로 왔다 가거늘
合同無誚譏　　합하여 변화할 제 비방할 것 없도다
衆萬各有止　　만물 모두 멈출 데 있거니
何必千里畿　　어찌 반드시 서울 근방 천 리 안이리오
六籍著明法　　여섯 경전이 밝은 법을 드러냈어도
賢愚自從違　　어질고 어리석은 이는 스스로 따르고 어
　　　　　　　기도다
萬理具此身　　일만 이치가 이 몸에 갖추어 있나니
淵冰要全歸　　깨끗한 마음으로 온전하게 돌아가야지

其二　　　　　　2

陽儀何一直　　　　양의 모습은 어찌 하나로 곧고
陰儀孰分開　　　　음의 모습은 누가 나누어 쪼개었나
自然單而拆　　　　자연히 하나로 되고 쪼개졌나니
不待人剪裁　　　　사람의 힘으로 가꾼 것이 아니로다
單爲善之根　　　　하나로 된 것은 착한 뿌리 되고
拆是慝之胎　　　　쪼개진 것은 사특한 씨앗 되노라
聖人秉元化　　　　성인은 본심을 잡아서
彼抑此焉培　　　　저것을 억누르고 이것을 북돋우거늘
如何化兒劇　　　　어찌하여 조물아이는 아프게도
大往小必來　　　　큰 것이 가면 작은 것을 반드시 오게 하
　　　　　　　　　는가

其三　　　　　　3

古聖垂明訓　　　　옛 성인의 밝게 드리운 가르침
丁寧如耳提　　　　자상하고 간절하여 귀를 붙잡음 같도다
戒懼存天理　　　　경계하고 두렵게 하늘 이치 간직하여
不容人欲迷　　　　사람의 욕망에 빠짐을 용납하지 않았네
苟能事斯語　　　　참으로 이 말씀을 잘 섬긴다면
聖敬可日躋　　　　성스럽고 경경함 날로 드높으리
此學繼者誰　　　　이 학문 이은 사람 누구일까
閩洛洎關西　　　　주자와 정자가 공자에게 미치었네
誰能撼大樹　　　　누가 큰 나무를 흔들 수 있으리
哀彼蚍蜉兮　　　　저 하루살이들을 슬퍼하도다

其四　　　　　　　4

精一傳心妙	정밀하고 한결같은 마음 전한 묘법
遠自唐虞朝	멀리 요, 순의 조정으로부터 왔네
明誠及仁義	밝고 성실하며, 사랑하고 의로움
思孟說更饒	자사와 맹자의 설법 다시 흡족하니
周程寔持循	주렴계와 정자는 이를 지켜 따랐도다
羹墻每見堯	국그릇 속과 담장에도 늘 요임금 보이거니
終不創新奇	마침내 신기한 것을 새로 만들지 않아도
古道益以昭	옛 도는 더욱 밝아지도다
不如楊江詩	양자강의 초나라 시가 도를 떠나
去道獨用逍	홀로 소요하는 것과 같지 않았도다

其五　　　　　　　5

蔥嶺欝嵯峨	총령은 빽빽하게 높이 불쑥 솟았는데
中華萬里遼	중화에서 10,000리를 떨어졌네
鍾生荒唐人	황당한 사람을 만들어 내
別揭一高標	유별나게 한 높은 표적 세웠도다
漂流千百載	흘러 떠돌아다닌 지 천백 년에
其說蔓且饒	그 학설 가지 돋쳐 어우러졌네
象山如肯歸	육상산이 만약 돌아가자 할진댄
晦父豈終招	주자가 어찌 마침내 초청하리
遮羞過關津	소금장수가 관문 지나듯 재촉하니
去道日益遙	도를 떠남이 날로 더욱 아득하네

其六　　　　　　　6

晦父踵尼父	주자는 공자를 이었으니

繼開功相齊　　　　이어받고, 열어 준 공, 서로 가지런하네
萬理呈露皆　　　　일만 이치 모두 드러내어
無復隱端倪　　　　다시 숨긴 실마리 없도다
如何草廬輩　　　　어찌하여 초가집에 노는 아이들
欲架虛空梯　　　　허공에다 사다리 매고자 하는고
有同上蔡客　　　　상채의 나그네와 같은 이 있어
雜燒愚黔黎　　　　어지러이 어리석은 백성에게 불을 지르니
中州一統分　　　　가운데 땅 하나가 나누어져
亹亹歸江西　　　　넘실넘실 양자강 서쪽으로 돌아가네

其七　　　　　　7

陽川鏖善流　　　　양천이 착한 무리를 무찔러 대는데
氣勢終難降　　　　기세가 좀처럼 가라앉기 어렵도다
帶方助桀虐　　　　대방이 포악한 것을 도와주니
天倫相擊撞　　　　천륜끼리 서로 치고받도다
戾氣終有鍾　　　　악한 기운이 마침내 뭉치어
梟獍生其腔　　　　사나운 마음이 가슴속에 생겼네
朋姦濟其世　　　　떼 지어 간사한 이 함께 세상 건널 제
蔑貞凶于邦　　　　곧은 마음 없으니 나라에 해로우리
其禍已滔天　　　　그 화가 이미 하늘에 닿았고
浩浩吞濤江　　　　넓고 넓게 파도치는 강을 삼켰도다

其八　　　　　　8

聖祖慕蜀主　　　　성스러운 인조대왕 소열황제 사모하여
仗劍立岷峨　　　　칼을 짚고 민아 산처럼 일어섰네
仁義以爲兵　　　　사랑과 정의로 무기를 삼았나니
所用豈在多　　　　쓸데가 어찌 많음에 있으리

誓掃戎虜群　　　맹세하고 오랑캐 무리 쓸어 내실 제
將如時雨過　　　장차 때맞은 비 오는 것 같아라
直繼湯武烈　　　곧장 탕임금 무왕의 공열을 이었거늘
肯墮漢唐窠　　　한나라나 당나라의 소굴에 떨어지리오
中途忽崩殂　　　중간에 홀연히 돌아가시니
率土淚成波　　　온 세상 눈물이 파도가 되었네

其九　　　　　　9

聖考己亥夏　　　성스러운 효종대왕이 죽은 기해년 여름
深墨殷宗諒　　　어두운 세상에 큰 계획 어질어라
賴有甘盤舊　　　감세와 반경의 옛 법전 의지하니
初服事皆當　　　처음 시작한 일에 사업 모두 마땅하였네
鹽梅契深密　　　소금과 매실이 깊이 어울리니
孰窺天地量　　　누가 하늘땅의 도량을 엿보리오
何意旁觀者　　　어찌 생각하였으리 옆에서 보는 이
禍端潛培養　　　재앙의 실마리를 은밀히 길렀네
深嚌及重泉　　　깊이 맛보아 깊은 샘에 미치니
貝錦太飜浪　　　비단조개 모두 다 물결 위에 뒤집어졌네

其十　　　　　　10

珍重潘南子　　　진중한 반남 사람
端居歲月多　　　단정히 살아온 세월 길어
幽尋洙泗響　　　그윽이 공자의 말씀 찾거니
幾賡龍門歌　　　몇 번이나 용문의 노래 이었나
每謂晦父後　　　늘 주자 뒤에 태어난 것 말하며
萬理一無差　　　일만 가지 이치에 하나도 차이 없네
方將竭淵才　　　이제 장차 깊은 인재 다하려니

人謂學術訛　　　사람들 학술이 잘못되었다고 말하도다
鶵雛本不鼠　　　봉황새는 본래 쥐새끼가 아니요
鵂嚇欲攘何　　　올빼미가 짖어 댐은 무엇을 쫓고자 함인지

其十一　　　　　11

不遠嶺之北　　　산마루 북쪽을 멀다고 아니하노니
寧憚海之湄　　　어찌 바닷가를 꺼리리오
所歎少不力　　　젊어서 힘쓰지 않은 것을 탄식하거니와
老去初志隳　　　늙어 감에 처음 뜻 풀어지리오
幸此牙遇期　　　다행히 이에 백아가 종자기를 만나
不管蔡傾睢　　　관숙과 채숙이 눈 부릅뜨는 것 기울이지
　　　　　　　　않도다

簡編專心力　　　글 읽음에 마음과 힘 다하고
言行闕殆疑　　　말과 행동은 위태롭고 의심난 건 버리도다
蘧寡與武戒　　　거백옥의 허물 적게함과 무왕의 경계
俱是耄期時　　　모두 이는 늙은 시절이어라

其十二　　　　　12

禮樂誰制作　　　예절과 음악은 누가 만들었고
詩書孰經營　　　시경과 서전은 누가 경영했나
淵騫戶何閉　　　마음이 깊고 성실하면 문을 어찌 닫으며
禹稷冠何纓　　　우와 익직이 관을 어찌 매리오
聖道雖百慮　　　성인의 진리 비록 백 가지로 생각하여도
要皆率天明　　　요체는 모두 하늘의 밝음 따르는 것
彼哉索隱徒　　　저기 은미한 것 찾는 무리
出言鬼神驚　　　말을 내니 귀신도 놀래라
惟玆爲己功　　　오직 이에 자기 위한 공부니

篤恭天下平　　　　공경을 돈독히 하면 천하가 화평하리라.

韻見寄聊步還示之　　운견기료보환시지

我送疇錫歸　　　　나는 주석이 돌아가는 길 보내 주니
冬十月初六　　　　겨울 10월 초엿새 날이라
至畿還入戶　　　　경기 땅에 이르러 돌아와 방에 들어
怳坐槐安國　　　　황홀하게 꿈나라에 앉았도다
靜念幽明理　　　　고요히 저세상과 이 세상 이치 생각하니
孰是吾眞宅　　　　어느 것이 이에 나의 참집인가!
獨有深所歎　　　　홀로 깊이 탄식하고 있는 건
匪爲來楚澤　　　　굴원이 놀던 곳에 오게 함이 아니로다
少小望孔墻　　　　어려서는 조금 공자의 담장을 바라보며
冀升堂入室　　　　당에 올라 방에 들기 바라고
屈首受經訓　　　　머리 굽혀 경전의 가르침 받아
絶意事干謁　　　　생각을 끊고, 혼자 찾아보기 구했도다
守簞食瓢飮　　　　대바구니의 밥과 바가지의 물 지키며
唾奴顔婢膝　　　　종의 얼굴 내세우고, 계집종 시중드는
　　　　　　　　　것 무시하여
自謂此身微　　　　스스로 이 몸이 보잘것없다 말했지만
雖兩儀一物　　　　그래도 음양과 한 가지 물건이어라
能與天地參　　　　능히 하늘땅과 더불어 셋일 수 있나니
諒在勉吾學　　　　진실로 나의 학문 힘쓰는 데 있도다
日取周孔書　　　　날로 주공과 공자의 글 가져다
仰思而俯讀　　　　우러러 생각하고, 내려 보며 읽었네
豈願稊稗熟　　　　어찌 가라지와 돌피가 익기를 바라리오
自喜此嘉穀　　　　스스로 이 아름다운 곡식을 기뻐하도다
最於利義交　　　　이익과 의리가 만나는 곳 가장 엄중히

分別如縷刻　실 가닥처럼 나누어 구별하여야 하네
就中張訂頑　나아가 장횡거의 서명과
與周翁太極　주렴계의 태극도설에 당하여
其事著日月　그 일은 해와 달처럼 뚜렷하지만
其理本亭毒　그 이치는 본래 길러야 하는 것
體用元浩浩　본체와 작용 원래 넓고 넓은데
孰云由外鑠　누가 밖에서 녹임을 말미암는다고 하는가
期將此眼藏　장차 이 눈 보는 법 기약해
不敢偸始卒　감히 처음부터 끝까지 편안치 못하도다
只是鈍根質　오직 이 어리석은 재질로
憤悱心內熱　힘써 보았자 마음속만 타노니
晼晚年歲逝　해 넘어가는 나이 지났어도
求師詎敢忽　스승을 찾음에 어찌 소홀히 하리오
遂就溪上宅　드디어 시내 위의 집으로 가서
尊信誠如血　존경하고 믿음이 참으로 피와 같이 하니
先生謂可教　사계선생이 가르칠 만하다고 하여
日夕置坐側　해 저녁으로 앉은 옆에 있었도다
自慶得依歸　스스로 돌아가 의지할 데 얻음을 경축하니
庶以開蒙塞　거의 어리석고 막힌 데가 열렸도다
斯文天欲喪　이 학문을 하늘이 버리고자 할진댄
加麻哭窀穸　상복 입고 무덤에다 곡을 할진저
不得場築室　마당에 지은 집 얻지 못하니
忸怩愧古昔　수줍어 옛사람에게 부끄러워라
恤恤若窮人　처량히 갈 데 없는 사람 같은데
誰復我教育　누가 다시 나를 가르쳐 주리
粵惟文敬公　그윽이 문경공 신독재선생이
繼臨舊丈席　옛 지팡이와 자리를 이어 임하시어
啓佑後之人　뒷사람을 깨우쳐 도우시니
咸以正無缺　모두 발라 일그러짐이 없도다

誠明與敬義　　성실하고 밝음과 공경과 의리

死法還甚活　　죽은 법이 다시 매우 활발하였네

規繩看益親　　그림쇠와 먹줄통이 볼수록 더욱 친해

不翅芻豢悅　　기름진 음식 즐기는 데 쫓아가지 않았도다

而亦妄自大　　또다시 망령되이 스스로 커서

汎濫屈莊列　　굴원, 장주, 열어구가 범람하였지만

久久覺偏側　　오래되고 오래되니 편벽된 것 깨달았고

正中異崇洛　　바른 가운데는 숭고한 정주학이 뛰어났
　　　　　　　어라

發憤呕刊落　　힘써 부지런히 잘라 내고

專尋聖轍迹　　오로지 성인의 자취만을 찾아가

只將四子書　　다만 논어, 대학, 중용, 맹자만을 받들고

兀兀窮晨夕　　오뚝이 앉아 아침저녁 연구하여

無味求有味　　맛이 없는 데서 맛을 찾고

編繩斷復續　　책 끈이 떨어진 것 다시 이어 가며

婢妾詩相舂　　일하는 여인네 방아 찧는 노래 하는데

歡顔在空谷　　기쁜 얼굴은 빈 골짜기에 있었도다

菜根不知辛　　나물 뿌리도 쓴 줄 모르니

見者謂狂易　　본 사람이 미치기 쉽다고 말하네

因成助長病　　따라서 조장하는 병통이 생겼는데

不悟其偏迫　　편벽되고 촉박함을 깨닫지 못해

或謂仁煦煦　　어떤 때는 사랑은 훈훈하다고 말하고

或謂義孑孑　　어떤 때는 정의는 우뚝하게 외로이 선다
　　　　　　　고 말하며

或絶人如熱　　어떤 때는 사람을 뜨거운 것처럼 끊어
　　　　　　　버리고

或就人如渴　　어떤 때는 사람에게 목마르듯이 찾아가

褊心雖自咎　　좁은 마음 비록 스스로 허물하나

治病無眞訣　　병 고치는 데 참비결 없고

盖少持敬功　　　공경을 간직하는 공부도 작아
喜怒尤易發　　　기쁨과 성냄의 감정 더욱 쉽게 나와라
非不讀中庸　　　중용을 읽지 않은 건 아니지만
未辨强南北　　　남방의 굳셈과 북방의 굳셈 분별 못 하고
又況場屋心　　　하물며 과거 보고 싶은 마음
是枉尋直尺　　　여덟 자를 굽혀서 한 자를 펴도다
朋來旣有咎　　　벗이 옴에 이미 허물함이 있는데
出入寧無疾　　　나가고 들어옴에 어찌 병통 없으리
深惟理欲爭　　　깊이 이성과 욕심이 싸웠지만
似龍戰十月　　　마치 용이 고단하게 10월에 싸움 같았네
亟思七日復　　　자주 7일만에 돌아오는 것 생각하노니
春噓而物茁　　　봄이 와서 만물이 싹터 나오리
維時仲氏兄　　　때로 가운데 형님이
面有惻愴色　　　얼굴에 측은한 빛을 띠우고
謂余汝來前　　　나에게 앞으로 오라고 하여
欲語還掩抑　　　말하고자 하다가 도리어 억눌러 버렸네
乃言曰余弟　　　드디어 말하기를 나의 아우여
爾無終沽激　　　너는 마침내 지나치게 나가지 말라
親年今益高　　　어버이 나이 이제 더욱 높고
生理日以棘　　　살아가는 이치 날로 가시밭길인데
吾儕丁不吊　　　우리들이 외로워도 위문하지 않으니
早歲深罪逆　　　어릴 때 죄를 많이 지은 것을
嫠孤血相視　　　홀어미와 고아 피눈물로 서로 보고
呼天常躑躅　　　하느님 부르며 항상 뒤척이니
我罪問伊何　　　나의 죄를 물어 무엇 하리
白日臨徒赫　　　밝은 해가 임하여 번쩍이도다
蔬糲或不繼　　　나물밥도 혹 끼니 못 이어
相看面色黑　　　서로 보니 얼굴빛깔도 검어라
何以慰慈顔　　　어떻게 어머님 앞에 위로하리

我心如焚灼　　　내 마음 불꽃같도다
爾何徒尙志　　　너는 어찌 뜻만을 숭상해
岡聞風樹曲　　　어버이가 오래 기다려 주지 않는다는 노
　　　　　　　래 안 듣는가
含淚受玆言　　　눈물을 머금고 이 말씀을 받으니
滯固暫冰釋　　　막힌 곳이 잠깐 얼음 풀리듯 하여라
遂復尋擧業　　　드디어 가업 일으킬 일 찾았더니
冀幸朱衣覿　　　요행히 벼슬아치 찾아보며
稍稍耐塵垢　　　조금씩 먼지 티끌 참고
勉勉辭寂寞　　　힘써 적막함을 떠났네
一擧冠多士　　　한 번 일어나 많은 선비의 으뜸 되니
詎無人惡斁　　　어찌 사람들이 미워함이 없으리
又得東道名　　　또한 동방의 도통이름 얻은지라
踪跡尤抗揑　　　종적이 더욱 자세하도다
因仍沾秩祿　　　더욱이 품계와 녹이 높으니
皇愧難究悉　　　황공하고 부끄러워 모두 밝히기 어려워라
顧惟西日迫　　　돌아보니 서산에 지는 해가 가까웠는데
譏議吾遑恤　　　비방하는 의논 내 자신이 측은하도다
駸駸學日荒　　　어느덧 학문은 날로 거칠어지고
憂心常汨汨　　　걱정하는 마음만 항상 바쁘도다
回顧少壯心　　　젊은 시절에 먹은 마음 뒤돌아보니
慙愧潛龍確　　　잠룡의 확고한 뜻 부끄러워라
天地俄翻覆　　　하늘땅이 조금 있다가 뒤집어졌거늘
蹙蹙安所適　　　뒤축 뒤축 어느 곳으로 가리오
深山與長谷　　　깊은 산과 긴 골짝
靜便惟所擇　　　고요하고 편안한 데만 골랐어라
占得武人貞　　　점쳐서 무인이 바르게 직히는 괘를 얻었
　　　　　　　는데
故人告我易　　　옛사람이 나에게 바꾸라고 하소연하네

己丑夏之仲　　　기축(서기1649)년 한여름에
九五聖人作　　　효종을 성인으로 만들려고 하였도다
萬物雖共覩　　　만물은 비록 모두 함께 보지만
六藏是所蓄　　　여섯 가지 착함은 이에 길러 낸 바이네
偶値二老歸　　　우연히 두 늙은이 돌아가니
欲觀民君法　　　백성과 임금의 법 보고자 함일까
不才辱茅茹　　　재주 없이 동료를 욕되게 하고
時亦叨晉接　　　때로 참람하게 나아가 만났도다
讒言挑外患　　　참람한 말이 청나라 근심 부르더니
衃孽忽充塞　　　피 빠는 종자들이 홀연히 가득하였네
歸來翳蓬蓽　　　돌아와 초야에 살아도
魂驚意思惡　　　영혼은 사나운 생각에 놀라도다
聖上復密諭　　　효종대왕이 다시 은밀한 지시 있어
仁者古無敵　　　인자는 예로부터 대적이 없다 하니
所恃人謀藏　　　믿는 건 사람의 계획 착함이요
寧懼天禍酷　　　어찌 하늘의 재앙 혹독함이 두려우리
遂膺明旨起　　　마침내 밝은 뜻에 응하여 일어났지만
自歎才力弱　　　재주와 힘 미약한 것 혼자 탄식하도다
謂備河陽炊　　　북경 땅에서 밥 먹을 준비 하라시니
猶可効忠益　　　오히려 충성심이 더욱 떨칠 수 있네
聖心眞日月　　　임금의 마음은 해와 달처럼 분명하고
上天完兩目　　　하늘도 두 눈이 온전해라
天意竟莫回　　　하늘 뜻을 마침내 돌리지 못하거니
聖壽才不惑　　　임금님의 나이 바야흐로 40세라
荏苒二十年　　　머뭇머뭇 20년
神理難窮賾　　　신의 섭리 다 더듬기 어려워라
不待濼水齧　　　요동지방 쳐부술 것을 기다리지 않고
再起寧陵役　　　또다시 효종의 능 만드는 일 생겼어라
顯宗又禮陟　　　현종이 다시 임금에 오르니

恤宅英睿質	가엽은 집안 영특하고 밝은 기질
新貴競扶珪	새로 귀한 이 다투어 옥규를 잡고
舊鬼亦盛秩	옛 귀신도 또한 벼슬이 성대하네
日旁雲気起	해 옆에 구름 기운 일어
奮發章蔡_缺	힘써 아른거리도다
孤臣投嶺北	외로운 신하 북쪽으로 유배 보내니
滄溟深不測	푸른 물 깊고 깊어 헤아릴 수 없도다
世人爭欲殺	세상사람 다투어 죽이고자 하는데
誰肯減而末	누가 죄를 감하여 끝에 따르리오
聖批又嚴重	임금의 명령이 또한 엄중하니
心腐齒亦切	마음이 썩고 이도 부러지도다
遂移炎瘴地	또다시 더운 땅으로 유배지를 옮기니
桁棘長鬐邑	가시 울타리는 장기읍일세
安土是所學	현재 위치에서 편안함이 이에 배운 바이거니
何曾懷欝悒	어찌 일찍이 울적한 감회 있으리오
況此晦翁書	더욱이 주자의 글이 있어
聖統之所託	공자의 도통이 의탁하는 바로다
彼妖妄索瘢	요망한 저것들은 망령되이 흠집만 잡아
常爲我心惻	늘 내 마음의 측은함 되도다
而彼勢滔天	그 세력 하늘까지 뒤엎으니
禹孟亦難克	우임금과 맹자도 또한 이기기 어려워
我取大全集	나는 주자대전 가지고
魚魯要整飭	글자를 찾아서 바로잡고자 하여
看來又看去	보아 가고, 또다시 보아 오니
理趣仍反覆	조리와 뜻이 인하여 반복되도다
時當會心處	그때 깨달았던 곳
不覺懶衷激	모르는 사이에 게으름 속에 부딪치고
亦多疑晦處	또다시 희미한 곳 의심도 많은데

滺思仍怵惕	오래 생각하니 두려웁도다
幸而疇有學	다행히 손자 주가 배움이 있어
牗我諒非一	나를 인도함이 참으로 한두 번이 아니라
磋切眞樂事	학문을 갈고닦음 참으로 즐거운 일
對床常得得	책상을 마주하면 항상 신바람 나고
孜孜不知倦	부지런하고 부지런히 지칠 줄 몰라
顧歎年不足	해가 짧은 것 돌아보고 탄식하나니
老我已無及	늙은 나는 이미 미칠 수 없도다
勉爾戒前覆	너는 힘써 앞 차 뒤집어진 것 경계하라
北風動歸思	북풍에 돌아가고 싶은 생각이 나는데
別意殊忽忽	각별한 생각 유달리 아련하여라
緬懷行路難	우두커니 사는 길 어려움 생각하노니
我心難如鐵	내 마음이야 쇠처럼 굽히기 어렵거니와
惟其惟疾憂	오직 그 질병이 걱정이요
不虞菫豆辱	개돼지 취급당한 것 걱정 안 하고
所患病因循	근심은 형편 따르는 것이 병이니
臨行戒墜失	떠나는 데 임하여 타락함을 경계하라
忽投大篇來	홀연히 주자대전차의를 완성하고
慰我勞心積	나의 수고한 마음을 위로하노라
數敵江左椽	자주 양자강 동쪽의 서까래를 대하며
理喜勝丘索	이치 좋아해 아름다운 언덕을 찾네

次後雲翁煥章菴七十一韻　　차후운옹환장암71운

生民有此身	사람 속에 이 몸 있으니
仁義卽固有	인의의 본성은 곧 본래 있는 것
兼兹塞與帥	이 우주와 천리를 아우르면
天地大父母	하늘땅이 위대한 아버지 어머니인 것을

匪懈無所添	게으르지 않으면 더할 바가 없고
可肖其高厚	똑같이 닮으면 그 높고 훌륭하리
禮樂自宣朗	예절과 음악은 스스로 드러나 밝거니
不待龍圖負	진리의 계시를 기다릴 것 없도다
恭惟精一傳	공경히 정밀하고 한결같은 마음 전해 준 법
昔自聖三后	옛날 성인 요, 순, 우 세 임금부터요
大經大法明	큰 길, 큰 법 밝혀짐은
盖由魯西狩	대개 노나라 춘추를 말미암네
中庸踵而作	중용을 이어서 지으니
繼開天實佑	옛 도를 이어 후세에 열어 줌은 하늘이 참으로 도왔도다
首明道不遠	도는 사람을 멀리하지 않음을 먼저 밝히니
鳶魚泊夫婦	솔개 날고, 고기 뜀으로부터 부부의 도리에 미치고
因叙帝王統	인하여 제왕의 대통을 논하였으니
盖皆秀之秀	모두 덮어 빼어나고, 빼어나도다
大哉哀公問	크도다, 애공의 정치를 물음이여
接之文武後	문왕과 무왕의 뒤로 붙여 주었고
達道與達德	공통한 길과 공통한 덕은
憲章率由舊	헌장이 옛 법을 말미암아 갔도다
是皆天所叙	이는 모두 하늘의 자연현상이니
誰舍復誰取	누가 버리고, 다시 누가 취하리
匪如伯者道	패도정치 하는 방법처럼
假借雜臧否	빌려서 착하고, 악함 섞이지 않았도다
滅不隨秦焚	없어짐이 진나라 분서갱유를 따라서가 아니요
出豈俟漢購	나옴이 한나라의 구해 드림을 어찌 기다리리
維兹九經目	이에 아홉 경영의 조목은

千聖所受授　　1,000성인이 주고받은 바이라
宏綱大昭揭　　큰 벼리를 크고 밝게 세웠으니
衆星如有斗　　뭇별에 북극성 있는 것 같도다
這中修身說　　그 가운데 몸 닦는 학설
最可拜手受　　가장 감사하게 절하고 받아야지
惟身何道修　　이 몸을 무슨 도로 닦을까
曾以告顔某　　일찍이 안연에게 알렸도다
非禮勿動云　　예절이 아니면 움직이지 말라고 한 말
捨此將何守　　이 말을 버리면 장차 무엇으로 지키리
外物雖牽引　　밖에 사물이 비록 끌어당겨도
此志不馳走　　이 뜻만은 달아나지 말아야지
衆欲縱汨亂　　뭇 욕심 제 맘대로 바쁘게 어지러워도
此心不眩貿　　이 마음은 현혹되어 팔지 말아야지
動靜與云爲　　움직이고, 고요하고, 또 말하고 일함에
豈復少差謬　　어찌 다시 조금이라도 어그러지리요
千姦與百邪　　천 가지 간사함과 백 가지 사악함이
窺伺終莫售　　엿보아도 마침내 흠 잡지 못하네
所以子思子　　자사가 몸 닦는 방법으로
表爲九之首　　아홉 경영의 머리에 놓은 까닭이로다
維昔我毅皇　　옛날 명나라 의종황제는
何處先下手　　어디에다 먼저 손을 대었는가
手寫此一語　　손수 이 한 말을 베껴서
對越無夜晝　　하느님을 대함에 밤낮이 없었도다
聖學日日新　　성인의 학문은 날로 날로 새로워져
表裏皆悠久　　겉과 속이 모두 영원하여라
每於敬肆間　　언제나 공경과 방자함 사이에서
卽辨堯與紂　　즉시 요임금과 폭군 주를 가려야지
卽出舊科臼　　이미 옛 웅덩이에서 나오면
脫若登崇岫　　시원하여 높은 산에 오름 같네

道純治亦升	도가 순수하면 정치도 발전해
四海祝萬壽	4해가 만수를 축수하리
奈何在廷臣	어찌하여 조정신하 속에
珷玞混璦琇	돌이 옥과 섞여 있었던가
肆欲無忌憚	욕심대로 하면 꺼릴 것이 없나니
皇綱遂解紐	임금의 강령이 드디어 풀어졌도다
祥刑且非陶	상서로운 법전은 만드는 것이 아니고
大憝亦綱漏	큰 악은 또한 법령을 빠져나가나니
亂棘致葛榮	어지러운 가시나무는 칡넝쿨을 키우는 것
厲階非鄭袖	재앙을 받을 빌미는 정나라 음악이 아니로다
甲申三月事	갑신년 3월에 의종황제가 순국한 일
思之心欲剖	생각하니 마음이 터질 것 같아
國亡君死之	나라가 망함에 임금이 죽는다는 것
古今徒勝口	옛날로부터 한갓 입에만 올랐더니
吾皇獨辨此	우리 의종황제 홀로 이 도리 밝혔네
天壤壞不朽	하늘땅이 무너져도 썩지 않으리라
萬邦劇喪考	온 세계가 아버지 잃은 듯 아파하는데
猶自稱天祐	오히려 스스로 하늘의 도움이라 일컫네.
秀夫保海岸	육수부가 해안에서 숨어 사니
晦父哭永阜	주자가 영부에서 곡하였네
苟或動非禮	참으로 혹시라도 움직임이 예의가 아니면
聖德那此懋	성스러운 덕이 어찌 이리 성대하리
有美老峯公	아리따운 노봉공이 있어서
逮被恩偏覆	지극한 은혜를 두루 입히게 하였네
雖有慷慨心	비록 강개한 마음이 있더라도
事勢空掣肘	일의 형세가 부질없이 자유롭지 못하도다
巍巍我寧考	위대한 우리 효종대왕이
嘗獨坐靈囿	일찍이 홀로 비원에 앉아서

招之謂汝來	불러 너를 오라고 하였는데
堂宇深而黝	집이 깊숙하고 침침한 데로다
都兪罄所懷	모든 말씀은 품은 생각 다하시니
如渴飮水求	목마른 이가 마실 물 찾듯이
教謂世陸沈	가르치심은 세상이 무너져
鯨鯢恣嘷吼	암고래와 수고래가 방자하게 울부짖는데
予思明大義	나는 큰 의리 밝히려고 생각노니
此志誰與就	이 뜻을 누구와 더불어 착수할고이었네
文湯百七十	문왕은 100리, 탕임금은 70리 땅으로 일어났으니
常愧於尚友	항상 고상한 벗님에게 부끄러웠도다
今人畏不言	오늘날 사람은 두려워서 말 못 하니
膠漆吞不漱	아교와 칠을 삼키고 양치질 않도다
予心中欝結	내 마음 가운데 응어리가 맺혀서
日夕如雲逗	해 저녁에 구름 끼듯 하여라
老峯稽首謝	노봉이 머리를 조아려 절하고 사례하여
此義亘宇宙	이 의리는 우주에 뻗혔노니
聖志久不酬	임금의 뜻이 오래 이루어지지 못한 건
臣下之罪咎	신하의 죄요, 허물이로소이다
出曰我聖度	나와서 말하기를 우리 임금의 도량
不啻雲夢九	뜻이 높을 뿐만 아니라
精神亦旣到	정신도 또한 이미 도저하도다
金石將何透	쇠와 돌을 장차 어떻게 뚫을까
九土豺狼心	온 세상에 이리 같은 마음을
上天庶或誘	하느님은 거의 바로잡아 줄진저
從兹魚水契	이로부터 고기와 물처럼 어울려서
密勿深結構	은밀하게 깊이 맺어 얽었도다
聖心旣卓然	효종대왕의 마음이 이미 우뚝한데도
外人懼致寇	밖에 사람은 청나라에 알려질까 두려워

	하네
俄然龍御忙	돌연히 임금이 청나라에 변명하기 바빠지니
血泣心胷叩	피눈물 흘리며 가슴을 쳤도다
頃嘗入燕都	조금 있다 북경에 들어가니
犬羊雜猴狄	개와 양이 원숭이들과 섞이어
腥膻九衢上	노린내 나는 막다른 길거리 위에
寶章糊戶牖	의종황제의 글월로 창문을 발랐도다
幸遇悲歌人	요행히 슬피 노래하는 사람 만나
眉宇得心趣	이마의 눈썹이 번쩍 뜨였었네
謂此先皇筆	말하기를 이것은 의종황제의 글씨인데
曾被戎馬蹂	일찍이 청나라의 말굽에 짓밟혔었도다
爾須懷此去	당신이 모름지기 가지고 가소서
爾邦孔不陋	당신 나라는 공자가 누추하지 않다고 하였지요
煌煌四大字	번쩍번쩍한 네 자의 큰 글씨
不敢狎而覲	감히 업신여겨 볼 수 없는데
何況至要訓	하물며 지극히 중요한 가르침으로
出自魯中叟	노나라 늙은이에게서 나왔다네
欲償掉其金	값을 주고자 하나 그 돈을 뿌리치도다
其義亦峻茂	그 의기 또한 높고, 훌륭하여
歸來託幽人	돌아와 그윽한 사람에게 부탁했네
刻之蒼巖竇	화양동 푸른 바위 구멍에다 그것을 새기고
亦述寧考志	또한 효종대왕의 뜻을 써 놓으니
仁義驚心獸	인의가 짐승마음을 놀라게 하였네
華陽一洞天	화양동의 한 골짜기 하늘에
萬古明星宿	만고에 명(明)나라 별이 머물도다
丹溪有一士	붉은 시내에 한 선비 있노니
於世身如僦	세상에 몸을 빌려 사는 듯

作詩歌其事 　　　　시 지어 그 일 노래하니
老峯同脈候 　　　　노봉과 맥이 같은 사람이로다

自警吟　　　　자경음

我年今八十 　　　　내 나이 이제 80인데
追憶平生事 　　　　한평생 일 추억하니
尤悔如山積 　　　　허물과 후회 산처럼 쌓여
一筆難可記 　　　　한 번에 다 기록하기 어려워라
事親任所見 　　　　어버이 섬김은 본 대로 맡겨 두고
多不承其志 　　　　대부분 그 뜻을 잇지 못하였으며
從兄蔽於私 　　　　형님을 좇음은 사심에 가리어
強剛喜自遂 　　　　억지로 우겨 내 뜻대로 함을 즐겼도다
居室昧謹獨 　　　　방에 있을 제는 홀로를 삼감에 어두웠고
無非屋漏愧 　　　　모퉁이 방에서 부끄럽지 않음이 없었도다
交友鮮忠厚 　　　　벗과 사귐에는 진실하고 후함 드물었고
不能庇其累 　　　　그 허물 감추어 주지 못했도다
況於君臣際 　　　　하물며 임금과 신하 사이에서
敢曰近於義 　　　　정의에 가까웠다고 감히 말하리오
書所謂五典 　　　　서전에서 말한 바 다섯 가지의 윤리를
損壞如蠹緇 　　　　어그러뜨림이 좀벌레 끈 같아라
亟當正於人 　　　　자주 남에게서 바로잡았지만
正人安敢企 　　　　남을 바로잡아 주는 일 어찌 감히 넘보리
妄以世道責 　　　　망령되게 세상의 도덕책임을
自任於一己 　　　　스스로 한 몸에다 짊어지고
一車薪火熾 　　　　한 수레의 장작더미가 불길이 타오르는데
詎容一杯水 　　　　어찌 한 잔의 물로 불을 끌 수 있으리
適足爲焦爛 　　　　마침내 타서 문드러지게 되니

譏誚四外至　　　비방이 4방에서 들어오네
凡茲莫可追　　　모두 이에 따를 수 없으니
一心徒惴惴　　　한마음이 부질없이 무서워서 벌벌 떨어
緬思衛武睿　　　멀거니 위나라 무공의 영특함 생각노니
九十猶賦懿　　　90살에도 오히려 당당함을 노래했네
又思大英雄　　　또다시 큰 영웅 생각하니
初由戰兢致　　　처음에는 벌벌 떨고, 두려워함을 말미암
　　　　　　　　았도다

細行若不謹　　　작은 행실을 만약에 삼가지 아니하면
終爲大德累　　　마침내 큰 덕에 누가 되나니
外面麤豪氣　　　외면의 거드럭거리는 객기
何可一點使　　　어찌 한 점인들 부리리오
朝乾夕亦惕　　　아침에 건전하고, 저녁에도 두려워하여
動息必有事　　　움직이고, 쉼에 반드시 일 있나니
兩進是明誠　　　밝음과 성실 둘 다 높이고
偕立惟敬義　　　공경과 의리 함께 세워야지
謹當書左右　　　삼가 마땅히 좌우에 써서 붙이고
顚沛洎造次　　　넘어질 때로부터 잠깐 동안에 미쳐야지

宋君興吉蒼翠堂　　　송군홍길창취당

小閣臨新池　　　작은 누각이 새로운 못을 임하니
松風分外淸　　　소나무 바람이 분수에 너무 맑아라
時當孟夏日　　　때는 초여름을 만나
山花謝繁英　　　산꽃이 어울려 꽃 피워 웃도다
疇也謝官歸　　　주가 벼슬을 내놓고 돌아와서
不與世人幷　　　세상 사람과 함께 더불지 아니하여
吾宗注山君　　　우리 집안은 산신령에게 뜻 두었나니

疎雅絶塵情　　　　　외진 곳에 아리따이 세속 정분 끊었어라
移得白蓮根　　　　　흰 연꽃 뿌리 옮겨다 심어
玉井好緣成　　　　　맑은 우물물에 자라기도 잘한데
只懼煩歠至　　　　　오직 번거롭게 지껄이는 것 이르러
蒼蠅聚營營　　　　　쉬파리 떼 모여 왔다 갔다 할까 두렵도다

次市南兪榮和陶六章　　차시남유계화도6장

梅窓無事　　　　　매화 창가에 일도 없어
讀古人書　　　　　옛사람의 글 읽노니
曠世相感　　　　　세대를 뛰어넘어 서로 느끼어
載欣載娛　　　　　기쁜 듯이, 즐거운 듯이
獸聲禽語　　　　　짐승의 소리, 새들의 지저귐
端合幽居　　　　　그윽이 사노니 기분에 들어라
於焉考槃　　　　　어느덧 초야에 숨어 마음대로 사노니
碩人之廬　　　　　큰 사람의 움집이로다

其二　　　　　2

韜光巖穴　　　　　빛을 감추고, 바위틈에 살며
廉潔自珍　　　　　청렴하고, 결백하게 스스로 진중하네
易色賢賢　　　　　어여쁜 여자보다 어진 이를 좋아하고
有仁親親　　　　　사랑을 두어 어버이를 친하도다
精窮造化　　　　　정신은 자연의 조화 다 알았고
學貫天人　　　　　학문은 하늘과 사람 꿰뚫었도다
德本不孤　　　　　덕은 본래 외롭지 않나니
果有其隣　　　　　마침내 그 이웃 있으리라

其三   3

碩人其頎   옛사람은 그렇게 훤칠하여도
日三孜孜   날마다 세 가지 부지런히 반성하였네
有惠好兮   은혜롭게 좋은 관계 있음이여
携手同之   손잡고 함께 가도다
切磋琢磨   자르고, 갈고, 쪼고, 문지른 공부
有配周詩   주나라 시에 짝함이 있어
樹之桐梓   오동나무, 가래나무만을 심으니
不求近思   생각을 비근한 데서 찾지 않으리요

其四   4

嘉遊不常   아리따이 노는 때 항상 하지 못하거니
少聚多分   모인 때는 잠깐이요, 나뉜 때 많도다
九龍之坡   9룡 땅의 언덕이
爰得我忻   이에 내 마음 즐겁지만
慼慼東西   쓸쓸한 주위에
慘慘愁雲   참담한 걱정 구름일 듯
瞻之邈矣   바라보니 아득하여
蘭聲未聞   소식 들리지 않아라

其五   5

昔日岐陽   옛날 기산의 양지쪽에서
鳳凰其鳴   봉황이 울렸더니
北風既凉   북쪽 바람 이미 싸늘하니
雨雪其零   비와 눈이 얼었도다
晦跡丘園   주자의 강목, 공자의 춘추

憂切西京　　　　　　서경을 생각함 절실도 하였도다
旣亟只且　　　　　　이미 자주 오직 또다시 그러하니
夙夜靡寧　　　　　　밤낮으로 편안치 못하여라

其六　　　　　　　　6

沂水之波　　　　　　기수의 물결에 목욕하고
舞雩之風　　　　　　무우의 바람에 노래하고자
乃試春服　　　　　　이에 시험 삼아 봄옷 입었나니
乃執厥中　　　　　　이에 그 중용을 잡으리로다
嗟我無始　　　　　　슬프도다! 나는 시작이 없었는데
豈望有終　　　　　　끝이 있기를 어찌 바라리오
願托龍門　　　　　　원컨대 용문에 의탁하여
終保微躬　　　　　　마침내 미천한 몸이나 보존하리라

〈역자〉 서정기

▍**약 력**

4·19혁명 선봉 및 민족통일전국학생 성대조직위원장
한국유학연구회 유교사상 편집인, 동양문화연구소 연구실장, 성균관 전학(典學)
한국청년유도회 회장 : 예법(관례, 향음주례, 사상견례)부흥운동 전개
동양문화연구소 부소장 및 소장 : 세계 속의 한국학운동 전개
건국대학교 대학원 철학과 박사학위 심사위원
민중유교연합 의장 : 한글제사축문 보급운동 전개
성균관유교진흥대책위원회 위원장 : 도덕성 회복과 새사람운동 전개
성균관유교문화연구위원회 위원장, 태학지 번역분과 위원장
민주평화통일 자문위원회 상임위원, 성균관 유교신보 편집인 겸 주간 역임
삼경역주 성균훈로상 수상, 성균관 태학지 번역공로상 수상
현) 동양문화연구소 소장
    (사)한국예절교육협회 상임고문
    김동식 장군 기념사업회 상임고문
    충의무예원 고문

▍**주요 저서**

『世界 속의 韓國文化』, 『世界 속의 韓國精神』, 『世界 속의 韓國儒敎』,
『世界 속의 韓國禮節』, 『世界 속의 韓國流風』, 『정통가정의례』, 『민중유교사상』,
『實錄기소설 공자』, 『새시대를 위한 大學·中庸·禮運』, 『새시대를 위한 春秋』(上·中·下),
『새시대를 위한 詩經』(上·下), 『새시대를 위한 書經』(上·下),
『새시대를 위한 周易』(上·下), 『새시대를 여는 길』, 『根源探索』, 『道學統論』,
『成婚錄』, 『김동식 장군』, 『아침 햇살 영롱한 대나무 열매』,
『하늘로 날아라, 못으로 뛰어라』,
훈로 서정기 선생 『유교대전』 35권 외 다수

快宇
活宙 국역 송자시선

초판인쇄 | 2010년 7월 21일
초판발행 | 2010년 7월 21일

지은이 | 송시열
역 자 | 서정기
펴낸이 | 채종준
펴낸곳 | 한국학술정보㈜
주 소 | 경기도 파주시 교하읍 문발리 파주출판문화정보산업단지 513-5
전 화 | 031) 908-3181(대표)
팩 스 | 031) 908-3189
홈페이지 | http://ebook.kstudy.com
E-mail | 출판사업부 publish@kstudy.com
등 록 | 제일산-115호(2000. 6. 19)

ISBN   978-89-268-1213-6 94150 (Paper Book)
        978-89-268-1214-3 98150 (e-Book)
        978-89-534-2428-9 94150 (Paper Book Set)
        978-89-534-2459-3 98150 (e-Book Set)